元宇宙地产

数实融合的商业场景

杜雨 张则扬 张孜铭 / 著

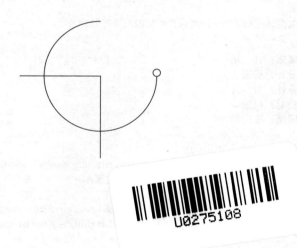

清华大学出版社

北京

内 容 简 介

科技的每一次跃进都伴随着人类生活空间的延展，元宇宙与Web3.0的范式革命将人们开拓空间的步伐延伸至数字世界。在那里，人们购置土地，建设高楼，发展商业，用科技的力量塑造了数字经济的新生态，也创造了全新的产业——元宇宙地产业。

然而，潮起潮落，众多投机者的炒作和盲从，将元宇宙地产送至风口浪尖，潮水褪去之时，却又摔至谷底。正如金融危机后的大反思一样，本书也希望能够对整个元宇宙地产业构建客观的审视与分析，引导行业向好发展。为此，在数实融合的大背景下，本书立足于商业场景迁移至元宇宙的时代需求，系统探讨了地产业植根于虚拟世界生长的可能性，并就数字经济如何成为地产业发展的新支柱进行了诸多展望。本书将通过大量的案例与系统的分析，为当前地产行业寻找新机会的从业者提供实践指南，也为政府部门、创投人士以及对元宇宙地产与元宇宙商业感兴趣的一般大众提供知识科普。

图书在版编目（CIP）数据

元宇宙地产：数实融合的商业场景 / 杜雨，张则扬，张孜铭著. —北京：清华大学出版社，2023.5

ISBN 978-7-302-63255-9

Ⅰ.①元…　Ⅱ.①杜…②张…③张…　Ⅲ.①信息经济　Ⅳ.①F49

中国国家版本馆CIP数据核字(2023)第059314号

责任编辑：杜　杨
封面设计：杨玉兰
版式设计：方加青
责任校对：徐俊伟
责任印制：朱雨萌

出版发行：清华大学出版社
　　　　　网　　　址：http://www.tup.com.cn，http://www.wqbook.com
　　　　　地　　　址：北京清华大学学研大厦A座　　　邮　　编：100084
　　　　　社 总 机：010-83470000　　　　　　　　　邮　　购：010-62786544
　　　　　投稿与读者服务：010-62776969，c-service@tup.tsinghua.edu.cn
　　　　　质 量 反 馈：010-62772015，zhiliang@tup.tsinghua.edu.cn
印 装 者：北京嘉实印刷有限公司
经　　销：全国新华书店
开　　本：148mm×210mm　　　印　　张：7.375　　　字　　数：169千字
版　　次：2023 年 6 月第 1 版　　印　　次：2023 年 6 月第 1 次印刷
定　　价：49.00元

产品编号：099984-01

其他作者简介

张则扬： 大连理工大学工学硕士，EVA Ventures 创始人，御风资本投资总监，御风 - 第一推力地产科技创新基金投资负责人，Go2Mars Capital 顾问，元宇宙基础设施服务商 Cuboids 顾问，投资主要聚焦于硬科技与 Web3.0 相关领域。元宇宙建筑公司门塔科技早期投资人，朝阳国际青年创投联盟理事，美国国家地质调查局教育部公派访问学者，曾在硅谷创新孵化机构 Plug and Play、中国金茂总部战略部工作。

张孜铭： 北京大学管理学硕士，新加坡国立大学金融工程硕士，华中师范大学信息管理与信息系统、华中科技大学计算机科学与技术双学士。未可知文化科技联合创始人，科技孵化器 Quadratic Acceleration Quantum（QAQ）合伙人，元宇宙教育实验室智库专家，元宇宙前沿大讲堂特聘主理人。著有畅销书《AIGC：智能创作时代》《WEB3.0：赋能数字经济新时代》。

前言

纵观世界经济发展史，地产业一直都是各个国家社会经济发展的支柱性产业，它为现代经济的发展提供了必要的经营手段和物质条件。伴随着元宇宙与 Web3.0 范式革命的到来，商业的经营空间逐渐由现实世界迁移至虚拟世界，在全新的时代背景下，地产业如何把握数实融合的发展机遇，让数字经济成为地产业新的增长点，已成为各界人士关注的焦点。

然而，依托于元宇宙发展的地产业尚处在发展的初期阶段，行业的野蛮生长造就了投机主义盛行的乱象，加剧了行业的风险性。在这种情况下，需要结合地产业在实体经济中的发展规律，对元宇宙地产进行一次系统的审视，以规范化导向的视角向大众传达行业的生长机理，引导行业有序发展。为此，本书将围绕"地产业在元宇宙中的还原与发展"主题展开分析，结合目前元宇宙地产业的发展情况，探讨现实商业依托元宇宙地产进行迁移的可能性，并具体讲述实际的案例，兼顾理论思考与实践价值。据此，本书可以为地产从业者、依托地产业的商业经营者、相关创投人士进军元宇宙提供学习参考，为监管层监管元宇宙地产业提供借鉴指南，也可以为对元宇宙地产领域感兴趣的一般大众提供科普读物。

全书一共分为 6 章。在第 1 章中，结合元宇宙与 Web3.0 变革的大背景，分析了新时代科技环境下适宜元宇宙地产发展壮大的土壤，也介绍了元宇宙地产业的相关概念；在第 2 章中，提出了元宇宙地产平台的基本分析框架，对当前市面上主流的元宇宙地产平台进行了全面分析，并展望了元宇宙地产平台的未来发展；在第 3 章中，简要讲解了基于元宇宙地产发展商业的基本逻辑，并聚焦元宇宙零售、元宇宙文旅及元宇宙娱乐等商业经营领域介绍了大量案例；在第 4 ～ 6 章中，分别介绍了元宇宙地产的交易与租赁、建设与开发、基金运作等细分领域，可以帮助大众了解元宇宙地产的产业全景。此外，本书创作与编校周期近一年，期间行业也发生了众多变化。本书并不想对元宇宙地产进行狭隘的定义，而是想客观地呈现行业发展的全貌，为数字经济的发展提供参考意见，也为新技术应用早期出现的各类风险性事件提供监管思路。

本书由杜雨和张孜铭负责全书统筹与撰写，张则扬负责书籍选题、章节思路提供和第 6 章主体内容撰写。其他对本书内容做出贡献的编写者包括：易斯琦、米随、王晓曦参与编写第 1 章及第 3 章第 4 小节；袁誉铭参与编写第 2 章和第 5 章第 3、4 小节；段靖宇参与编写第 2 章第 6 小节；向雨欣参与编写第 3 章第 1、2、5 小节和第 6 章第 4 小节；罗宇欣、沈媛媛参与编写第 3 章第 3 小节；郭雨萍参与编写第 4 章；李悦莹参与编写第 5 章第 1、2、5 小节。

感谢未可知和 QAQ（Quadratic Acceleration Quantum）大家庭所有成员一直以来对我们的鼓舞，感谢 EVA Ventures、御风资本、清华大学出版社和所有好友对本书的支持，感谢御风集团董事长冯仑、御风集团 CEO 张冬冬，千渡地产陈文、张海波，天鸿控股柴志坤、骆飞，华本投资李文明、杜一波，御风资本黄赫，共识实验室创始合伙人及 MetaEstate 联合创始人任铮、Metacat 创始人 CK 为本书撰写提供的帮助。

技术支持：阅读本书后，如果有任何疑问或反馈，可扫描下方的技术支持二维码。

参考资料

技术支持

编者

2022 年 11 月

目录

第 3 章
元宇宙地产与元宇宙商业 / 89

第 4 章
元宇宙地产的交易与租赁 / 131

第 5 章
元宇宙地产的建设与开发 / 159

第 6 章
元宇宙地产基金 / 185

第1章
元宇宙地产概述

"在人类的面前有两条路：一条向外，通往星辰大海，一条向内，通往虚拟现实。"

——刘慈欣

科技的每一次跃进都伴随着人类生活空间的延展。跨越三次科技革命的历程，我们征服了天空，探索了大地，解析了深海，科技似乎已经触及了空间认知的边界。但是，这远远不是探索的终点，未来的路正如《三体》所言："一条向外，通往星辰大海，一条向内，通往虚拟现实。"

　　现实宇宙的星辰大海也许只是属于宇航员们的故事，而元宇宙的虚拟现实却与我们每一个人息息相关。在元宇宙的虚拟空间里，人们开拓土地，建设高楼，发展商业，用科技的力量塑造了虚拟经济的生态，也创造了全新的产业——元宇宙地产。本章将对促进元宇宙地产业形成的两股力量"元宇宙"和"Web3.0"进行详细介绍，并从含义、特征、生态与发展、风险与监管等方面初步介绍元宇宙地产业的全貌。

1.1　缘起：元宇宙与Web3.0带来的变革

1.1.1　元宇宙开拓的虚拟空间

元宇宙（Metaverse）的概念起源于科幻作品，最早在 1992 年的科幻小说《雪崩》（Snow Crash）中被提及，描述的是"一个与现实世界平行的虚拟世界"。在《雪崩》里所构想的元宇宙中，每个人都可以通过特殊的眼镜和耳机穿梭到虚拟空间之中，并操纵自己的虚拟化身（Avatar）与其他人产生交互，以此参与到买地、建房、经营商业等一系列社会经济活动之中。因为这一前卫而大胆的未来设定，《雪崩》也被美国《时代》周刊评为 1923 年至今 100 部最优秀英语小说之一。后续，《黑客帝国》《头号玩家》《失控玩家》等系列影视作品都深受影响，并用丰富的特效进一步具现化地向大众展现了元宇宙的全貌。

不过，这些科幻作品虽然最先提出了"元宇宙"的概念雏形，但真正将"元宇宙"投入实践的还是游戏领域。2003 年，Linden 实验室提出希望通过在线虚拟世界游戏的形式对尼尔·史蒂芬森描述的元宇宙进行复现，创建了网络游戏《第二人生》（Second Life）。与一般游戏不同的是，在这个游戏中并没有人为设定的游戏目标和升级路径，玩家可以自行探索，在虚拟世界里社交、旅行、建造、交易，并且该游戏设置了自己的货币"Linden Dollar"，可以去玩家市场、Linden 实验室和一些实体公司把它兑换成美元。

　　这种独特的经济社会体系构成了《第二人生》的核心竞争力，也衍生出了其收益来源的重要部分——"虚拟土地"。在游戏中，付费用户可以拥有 512 平方米大小以内的虚拟土地，如果想拥有更多的土地则需要支付额外的费用。一块独立的土地月收费在 5 美元到 295 美元不等，同时这些虚拟土地也能像现实中的土地那样售卖给他人。一旦某个玩家购买了某块土地，他就可以将其用于任何商业用途。游戏中提供了一整套 3D 建模工具，任何居民都可以利用它配以适当的技艺在上面建造虚拟建筑、风景、交通工具、家具、机器等，并依照相应的版权条例指定它的授权范围，将虚拟的土地打造成元宇宙地产，通过使用、交换、出售等方式，创造商业价值。不过，唯一例外的是"私人领地"，一般会有相应的契约限制，比如不能进行商业活动和不允许转售等。2007 年，《第二人生》的注册用户数突破 500 万人，成为当时最风靡的网络游戏之一。不过，这份鼎盛并未持续太久，由于复杂经济体系的失控、FBI 赌博监管的介入，以及 Entropia Universe、MineCraft、Roblox 等新进入者对于市场的抢占，《第二人生》逐渐淡出了主流玩家的视野，但其通过高自由度的沙盒游戏对"元宇宙"这一概念落地展现的模式对后来者都产生了深远影响。

　　Roblox 是后来者中最成功的元宇宙建设案例之一。相较于《第二人生》，Roblox 试图降低虚拟世界的创作门槛，将元宇宙推向更广阔的大众。在《第二人生》中，因为交互界面复杂、脚本语言难学，用户需花费至少数十小时学习，门槛极高，以至于玩家留存率仅有 10%。而 Roblox 提供了更容易上手的 Roblox Studio 工具集，为用户提供了更加简洁、易学的创造工具。降低后的创造门槛，辅之以围绕虚拟代币 Robux 的创造者经济体系，充分激起了用户的创造热情，为平台实现爆发性的增长埋下了伏笔。在 2018 年，Roblox 就已拥有 400 万名创作者，1200 万名日活用户，头部创作者年收入最高能超过 300 万美元，移动端累计收入达 4.86 亿美元。而到 2019 年，Roblox 上的日活跃用户数增长到了 1760 万名，并在 2020 年增长了 85%，达到 3260 万名。趁着这波增长的势头，Roblox 于 2021 年 3 月 10 日在纽约证券交易所以"元宇宙第一股"的概念进行上市。在招股书中，Roblox 结合自身平台的特点，提出了元宇宙需要的八大特征，这一框架为元宇宙领域的后来者提供了诸多参考。

- **Identity 身份**：所有用户都具有化身形式的独特身份，这让他们能将自己打造成想要成为的人或对象，这些身份可以跨体验移植。
- **Friends 朋友**：用户与朋友们互动，既包括在现实世界中认识的，也包括在虚拟世界中认识的。
- **Immersive 身临其境**：体验是沉浸式的，随着平台发展将越来越与现实世界难以区分。
- **Anywhere 任何地方**：用户和创造者可以来自世界各地，并且运用任何设备接入和体验虚拟世界。
- **Low Friction 低门槛**：用户非常容易地在平台内收获体验，而创造者也可以非常容易地进行数字创作。
- **Variety 多样性**：虚拟世界中有多样化的内容和丰富的虚拟体验。
- **Economy 经济**：存在作为价值符号的代币，用户可以支付获取体验，创作者可以销售创造物获得收入，而代币最终又可以轻松转换回现实世界的货币资产。

- **Civility 安全：**平台内有确保用户安全和促进文明的系统，以执行现实世界要求的法律与监管。

凭借这一开创性的叙事和出色的平台运营成绩，Roblox 在登录纽交所的首日股价就大涨 54%，公司估值超过 450 亿美元。在自身获得资本市场青睐的同时，Roblox 也让"元宇宙"这一前卫的科技概念广泛地传播开来。

如果说 Roblox 是让"元宇宙"思潮传播开来的布道者，那真正点燃最后一把火焰，将 2021 年彻底送入元宇宙世界的就是 Facebook 了。2021 年 10 月 28 日，扎克伯格突然宣布，Facebook 集团正式改名为 Meta，并表示："我们希望在未来 10 年内，让元宇宙覆盖 10 亿人，承载数千亿美元的数字商务，并为数百万的创作者和开发者提供就业机会。"此次改名无疑正式宣告了这家闻名全球的社交平台向元宇宙进军，也在一夜之间，让"元宇宙"变成了最流行的科技词汇。世界各地的新闻媒体纷纷开始抛出"什么是元宇宙？"的疑问，而改名后的 Meta 向世界发出的信号很明确：元宇宙是互联网的未来。

改名这一举措是在 2021 年公示的，但 Meta 早在 2019 年就推出虚拟现实社交平台 Horizon Worlds，为这一次改名埋下了伏笔。在 Horizon Worlds 里，用户可以借助完整的 3D 动作捕捉技术和手持式动作控制器，以他们虚拟化身的形式在开放世界中漫游。同时，Horizon 玩家也能使用平台内的集成世界构建系统开发自己的虚拟作品。Meta 自己对 Horizon Worlds 的定义是："一个由社区设计和构建的、不断扩展的虚拟体验宇宙。"而与之匹配的愿景则是："运用一流的社交世界构建工具，为各类技能水平的创造者带来一个友好的虚拟现实空间。"

不过，无论是 Roblox 还是 Meta，在距离"元宇宙"概念热潮兴起的一年之后，回头来看，似乎都没有取得预期之中的胜利。Roblox 在 2022 年第二季度业绩发布后，显然低于市场预期的经营情况引来了一系列连锁反应，股价相对于上年度最高点跌去了近70%。而 Meta 寄予厚望的 Horizon Worlds 似乎并没有很好地胜任这一战略地位，根据《华尔街日报》在 2022 年 10 月的报道，Meta最初希望每月有 50 万名活跃用户访问这些不同的虚拟世界，现在这个数字已经修改为大约 20 万名。我们距离真正意义上的完备元宇宙似乎还有相当长的一段距离，不过这并不意味着 Roblox 和Meta 的元宇宙决策就失去了全部意义。它们将有关于"元宇宙"这一虚拟空间的终极畅想传播到了千家万户，为许多新兴产业的生长奠定了扎实的基础，而元宇宙地产行业便是其中之一。

1.1.2　Web3.0创造的经济社会体系

伴随着 VR/AR/MR、3D 渲染、数字孪生等技术的发展，元宇宙在沉浸化和复现现实世界的角度有了质的飞越。但是，仅仅具备这些上层建筑尚不够，底层仍然需要能够解决复杂经济系统和社会关系问题的基础设施。这些问题主要表现在：

- **经济系统的持续健康发展：**元宇宙内经济体系的运行高度依赖中心化平台的数值规划和调整，相当于绝大部分由完全的"计划经济"体系构成，而无法结合有效的市场调控机制。并且，由于经济体系运转完全由平台决定，平台用户对于经济系统缺乏信任。
- **资产确权及产权流转：**对于元宇宙内的大部分资产，用户只享有使用权，而并不享有所有权，一旦平台关停用户资产就会蒙受不可逆转的损失。此外，即使平台拥有相应的版权确权条例，在跨平台转移、产权流转等场景下也会存在诸多的问题和麻烦。

- **社会活动中的组织管理问题：** 元宇宙内的组织管理高度依赖于核心成员的主张和裁定，很难形成具有共识性的准则和约束力的条款，而共识性的决策也可能因为执行者的分歧而不了了之。

Web3.0 的出现为解决这些问题提供了思路，有望成为支撑元宇宙地产行业乃至各类元宇宙平台的主要基础设施。

Web3.0 诞生之初是作为对于 Web2.0 和 Web1.0 概念的承接而存在的，表达了人们对新一代互联网形态的美好期待。在区块链技术没有诞生之前，Web3.0 多指"语义网"，即能够理解语义进行判断，并实现无障碍人机交互的网络。而伴随着区块链技术的诞生与发展，以太坊联合创始人林嘉文博士提出了"Web3.0"这一概念，指出下一代互联网应该基于"无须信任的交互系统"在"各方之间实现创新的交互模式"来实现安全的存储，充分保障用户的数据权益，这一概念迅速得到了加密货币爱好者、科技公司、科技创业者与风险投资机构的广泛关注。基于区块链技术的下一代互联网也逐渐成为 Web3.0 的主要代指，有时为了避免混淆会用 Web3 的简称加以区分。

在当前的语境下，Web1.0 发展到 Web3.0，是一个从静态互联网发展到平台互联网再到价值互联网的过程。通俗来说，Web1.0 是所见即所得，Web2.0 是所荐即所得，Web3.0 是所建即所得。在 Web1.0 静态互联网的时代，最主流的产品是门户网站和搜索引擎，用户只能单一地读取信息，而无法参与到互联网内容的共建。而在 Web2.0 平台互联网的时期，我们不但能读取信息，还能写入信息并参与到互联网内容的共建。此外，伴随着平台经济与推荐算法的兴起，用户的每一次点击、每一秒停留的数据，都将为平台创造直接的经济价值，但与之相对应的，也衍生出了寡头垄断、数据孤岛、隐私侵犯、算法霸权等一系列问题。所以在 Web3.0 时代，人们希望能够创建一个价值互联网，不但可以利用区块链技术去确认用户创造的价值，而且能不受平台的约束下将这些价值回馈给用户。本质上，人们在试图创建一种实现权利从平台到用户让渡的基础设施，让互联网从"平台创造，平台所有，平台控制，平台分配"的 Web1.0 时代，走过"用户创造，平台所有，平台控制，平台分配"的 Web2.0 时代，最终来到"用户创造，用户所有，用户控制，用户参与分配"的 Web3.0 时代[①]。

　　而这备受人们期待的 Web3.0 为解决元宇宙的三大底层社会经济难题提供了解决方案。

1. 通证经济

　　通证（Token）经济为元宇宙内经济系统的可持续健康发展提供了重要的保障。Token 经济最初由心理学家 B.F.Skinner（斯纳金）于 1972 年提出，希望能够创造一组价值单元，即 Token 来激发某些积极的行为，创造一种可持续的自我驱动模式来产生新的价值，早期多用于学生或者患者的管理研究。伴随着区块链的诞生，许多项目也会发行类似的价值单元来激励用户，这些价值单元的激励逻辑与斯纳金提出的 Token 十分相似，所以也赋予了相似的命名。这

① 　参见《WEB3.0：赋能数字经济新时代》。

些 Token 既是一种通行的权益证明，也是记录在区块链分布式账本上可以用于价值交换的媒介，所以有时也会翻译成代币。Token 的发行和流通完全基于去中心化的系统，所以如何结合供给端、需求端的情况设计合理的经济结构也就成为了重中之重，有关 Token 经济的设计理论逐渐沉淀出了成熟的方法论和辅助工具，为元宇宙经济系统的可持续健康发展提供了重要保障。

2. 非同质化通证

非同质化通证（None Fungible Token，NFT）的出现为元宇宙中的资产确权及产权流转提供了很好的解决方案。NFT 具有可验证、唯一、不可分割和可追溯等特性，可以用来标记特定资产的所有权，也可以作为数字资产化和流通交易的重要工具。对比比特币这种同质化通征，你并不会在意你收到的 1 个比特币是哪一个比特币，同样价值尺度的比特币是可以互相交换的。而对于 NFT 这样的非同质化资产，同样是 1 个 NFT，挂载的数字资产可能完全不同，无法随意交换。此外，由于 NFT 也和同质化的 Token 一样是存储在区块链上，所以可以轻易地实现跨平台的转移，并能够独立于平台之外自由流通。

3. 智能合约与分布式自治组织

类似于现实中人们的各项规章制度法律条款都是通过协议去约定和完成的，区块链也提供了一种"规定合约和控制合约执行的代码"，让元宇宙中本来需要中心化机构进行信用背书的合约能够自己执行，让约定可追踪、透明并且永恒不变，这种合约叫作智能合约（Smart Contract）。一旦代表着约定的代码写入智能合约就会被忠实地执行，任何人都不能干预这个过程，所以智能合约又有着"The Code is the Law"的美誉。

而分布式自治组织（Decentralized Autonomous Organization，DAO）就是一个通过智能合约构建的组织。组织成员基于共同的信念、价值观，将组织运行管理规则写入区块链的智能合约中，由组织的发起方、Token 的持有者等成员负责控制和监督组织的运营，从而实现分布式的自治化。对于任何组织成员发起并共同投票通过的提案将被智能合约记录并忠实地执行。这种组织形式对于元宇宙内各个领域子生态的管理、机构组织之间的合作与交互都十分有用。

当 Web3.0 在解决元宇宙底层的社会经济问题时，也为元宇宙地产行业的发展扫清了许多障碍。像 Decentraland、The Sandbox、Voxels、Somnium Space 等发展势头迅猛的元宇宙地产平台均结合了 Web3.0 的各类基础设施，但利用程度各有不同。元宇宙地产行业作为一个新兴行业，虽已具备生根发芽的必备条件，但长成参天大树还有很长的一段路要走。

1.1.3 地产行业的元宇宙迁移

元宇宙地产平台生长条件的成熟促进了地产行业向元宇宙的迁移。在元宇宙中，项目用地的获取、建筑方案设计、筹措资金、工程招标、开发实施不仅都能以非常轻量级的形式去完成，而且能够解决现实地产行业的诸多问题。

1. 土地自然资源的稀缺性

这种稀缺性既包括总量上的稀缺性，也包括地块用途的限制和供需不匹配而延展出的稀缺性。在现实中，地球上的土地资源不仅是有限的，而且不同用途地块数量也存在限制，这个限制也会制约地产行业的发展。所以在标准的地产开发流程中，土地的用地申请、征地及拆迁安置都是非常重要但异常繁复的环节。并不是所有用地都可以用于全部类型的地产业开发的。耕地、草地、林地这些因自然条件天然形成的土地资源都十分宝贵，一般都会存在用途限制。有时候并非缺乏土地而是缺乏可以被用于指定开发目的的地块，所以会存在土地资源类型供需不匹配而产生的土地资源稀缺问题。但在元宇宙的世界当中，项目方不但可以设置地皮的总供给，还可以设置每个地皮的用途，比如有的地皮可以用于虚拟世界展馆的建设，有的土地可以用于景观建设，等等，甚至可以事先在智能合约中设定好影响供求的通证经济模型，来解决现实中地产业开发时面临的土地资源问题。

2. 建造的现金流问题

地产行业开发阶段需要大量的现金投入，往往会大举借债，而这种负债情况在中国的地产业当中尤其凸显，很多地产业的公司资产负债率高达 80% 以上。而地产行业因为建设周期长，盖好才能回款，也带来了整体账期长的问题。所以，很多地产开发商缓解现金流压力的策略就是边盖边卖，用折扣价格吸引大众去购买还未盖好的期房，然后用这部分的回款继续去支持建造。但如果期房卖到一部分卖不动了，资不抵债也借不到款而无法建造下去，整个项目就算暴雷了，早年很多的烂尾楼项目可能都是这个原因。而在虚拟世界当中，我们前期的建设投入可能除了买地就是建模和设计，投入资金较少，这个问题也就自然得以解决。

3. 投资需求和使用需求的矛盾性

因为有房可住是每个人最基本的刚需，所以现实中出现的一个悖论是，有钱人买了一堆房子但是不住，而没钱人想住房又没钱购买。而在元宇宙中，地产的投资价值和使用价值都是由项目方写入智能合约的规则所赋予的，从机制设计上可以一定程度缓解这种矛盾，并且，从需求的刚需程度来说，无论多么极端的机制，"我在现实中没有房住"一定是比"我在元宇宙中没有地皮用"严重得多的问题。引导一部分现实中投资房地产的资金前往元宇宙地产业，鼓励把现实中的住房卖给真正需要居住的人，也具有一定的现实意义。

4. 生产制造环节的风险以及客观环境的限制

现实中进行地产开发，可能各环节都存在风险性，比如说工人的安全保障问题，客观地形条件的限制影响了现有方案的规划，建设原材料的供应出现了问题，等等。而最大的问题还是在建成建筑的安全性上。近些年时有报道的豆腐渣工程、房屋倒塌等问题越来越引起人们对于建筑安全的重视，建筑设计和项目施工环节都必须慎之又慎，稍有失误最终都可能酿成大祸。许多国家都引入了地产项目负责人的终身责任制度，只要建成地产出现建筑本身的安全问题都会终身追责，就算如此，各类事故仍然屡见不鲜。而在元宇宙的世界里，因为人们都是以化身的形式存在，模型和素材都可以任意调整，建成后也不会有任何安全问题，这些问题都可以迎刃而解。

此外，在地产业往元宇宙进行迁移的过程中，也衍生出了诸多围绕元宇宙地产的细分行业，与现实世界类似，这些行业可能包括：

- **建造业：** 在元宇宙地产平台买了土地一般是要使用的，自然会带动一些建造业的需求，去建设各种房屋设施。但需要的技能可能和现实中的土木专业不太一样，更多的是一些设计和3D模型建造技能。当然，传统土木行业的设计技能也能迁移一部分。

- **地产销售：** 建造完之后，包括土地和上面建筑的地产都可以进行售卖交易。但地产销售很重要的一步就是确认产权的转移，就像大家买房一定要拿到房产证似的。而地皮和建筑都可以NFT的形式对地块产权进行确认，而这些NFT可以直接在元宇宙地产平台中的内置市场或外部NFT交易平台进行售卖。

- **土地租赁：** 因为土地具有稀缺性，如果要在元宇宙世界中建设房屋去发展各种行业，但没有大额的资金去直接购买用户量较多的核心地段土地，可以选择采用租赁的方式，比如建歌厅、游戏场所、景区需要的土地就可以租赁，在发展一段时间赚取足够资金后再购买整个地产。

- **物业管理：** 现实中的物业管理主要是帮助我们进行居住环境的保养维护等。虽然元宇宙中的房屋不会有磨损、污迹，也不会产生垃圾，但定期可能需要提供一些简单的修改装饰升级服务，或者环境布景之类的等等，这些也滋生了元宇宙地产平台上物业管理业的兴起。

- **地产投资：** 元宇宙中的地产在结合 Web3.0 之后也具有了投资价值，这个价值的产生逻辑既来自于具有贮藏财产和未来产生现金流的内在价值，也包括各类商业使用价值。

不过，从各个元宇宙地产细分行业的模式上，与现实的地产业有一点重大的区别。现实地产当中占比非常之大的一块是住宅地产，但元宇宙地产主要以商业地产的模式为主，并不存在传统意义上的住宅地产。即使是供虚拟形象居住使用的土地和房屋，本质上也是商业地产的一种，因为虚拟形象的居住并不是为了满足居住的刚需，而是为了满足与商业价值绑定的一种体验。因此，探究地产业迁移元宇宙的过程，也是探究如何利用元宇宙地产进行元宇宙商业布局的过程。

1.2　元宇宙地产的含义与特征

1.2.1　元宇宙地产是什么

地产通常是指土地以及固着在土地上的房屋或人工建筑物及其附带的各种权益，包括所有权、支配权、使用权和收益权等。与现实世界类似，元宇宙地产也包括虚拟土地以及虚拟土地上建造的各种建筑物及其附带的权益。

一块虚拟土地对应的是元宇宙平台内一片虚拟的空间，这片虚拟空间是包括大小、位置等属性的信息集合。这些特殊的信息及拥有者对于这片土地的产权都会通过 NFT 的形式确认下来。持有这块土地的 NFT 就相当于持有了土地证，其权属范围甚至可能超出现实中土地证所规定的权益范围。NFT 虚拟土地的持有者，既可以在土地所对应的虚拟空间中建设房屋、开展各种沉浸式体验和商业活动，享有土地所带来的分红及租金，也可以对土地进行售卖，收获土地增值所带来的收益。而在虚拟土地的空间上，土地拥有者可以依靠元宇宙平台内置的创造工具直接建造，或利用专业的 3D 设计和建模软件建设完毕后进行导入。对于建造好的各种建筑物，与虚拟土地类似，也可以通过 NFT 的形式进行产权确认，类似于现实中各类不动产的产权证。

　　区别于现实中较高的准入门槛，任何用户都可以通过购买 NFT 成为土地及不动产的拥有者、土地开发商，以及商业地产的经营者或投资者。用户可以建造一个虚拟商店售卖虚拟人的服饰商品，创建一个虚拟音乐厅供大众鉴赏名曲，也可以打造一个主题乐园供用户们游玩。一切能想到的商业活动都可以在这里布局，并在线上创造出与线下近乎相近、却别具特色的沉浸式体验。

1.2.2　元宇宙地产的特征

1. 易建造性

　　元宇宙地产的易建造性主要体现在三个方面：成本低、时间短、要求低。

　　（1）**成本低**。在传统地产中，一个地产项目中的投资金额，通常都不是一个小数目。而这些资金通常会包括开发建设投资和经营资金两部分。开发建设投资是指开发期内完成房地产产品开发建设所需投入的各项费用，即包括土地费用、工程费、基础设施建设费、建筑安装工程费、公共配套设施建设费以及项目对应企业主体所承担的各类间接费用等；而经营资金则是包括地产开发企业用于日常经营周转的资金。但在元宇宙地产中，开发建设投资的金额被大大缩减了，仅仅具有土地费用和工程实施的费用，而这些费用实际上是 3D 模型设计和构建的人力成本和购置素材的支出，从规模上远远小于现实地产。同时，在这样小的支出规模下，经营资金也被缩减到了很小的范围。无论是从建设所产生的实际花费上，还是周转资金的省略上，元宇宙地产都大大降低了投入的成本。

（2）**时间短**。在元宇宙中，不需要考虑水、电、消防、重力、建筑材料等因素，建造商或者建筑师只需要利用平台的建造工具或者专业建模软件进行模型构建，所以，相比现实地产中动辄几年的建造时间，元宇宙地产的建造速度远远快于现实地产。当然，建造的时间也会因为平台和地块的大小而有所差异，简单的建造可能几天即可建好，复杂一些的也可能需要花几个月才能建好。此外，因为元宇宙地产建造的时间短，如果想要再重新开发、或者想要卖给和租给别人再重新建造也不是一件难事。

（3）**要求低**。传统地产中，对地产项目的质量要求很高，在设计、施工、材料、使用责任等方面均需要严格把控项目的质量，因为这直接关系到房屋的安全、施工人员的安全。而在元宇宙地产中，这些环节均不会涉及安全问题，要求自然也大大降低。另外，传统地产对质量和安全的要求高也会带来审批流程复杂的问题。通常，在现实地产项目开发流程中，地产开发公司首先需要办理好土地出让手续，委托有资质的勘察设计院对待建项目进行研究并制作附有详细规划设计参数和效果图的报告，并落实足够的资金。而后，提交相关材料进行行政审批，而这一审批过程包含选址定点、规划总图审查及确定设计条件、初步设计及施工图审查、规划报建图审查、施工报建、建设工程竣工综合验收备案六个阶段，这一过程可能也涉及规划局、建设局、国土局、发改委等众多部门的审批。在元宇宙地产中，不涉及土地的用地申请、征地及拆迁安置，开发流程要求十分简单，只需要购买土地准备建设工具即可展开开发。

2. 产权交易便捷

产权交易便捷主要体现在产权保障、交易流程和交易市场三个方面。

（1）**产权保障**。在传统地产中，所有地产项目都需要依法进行地产的产权登记。在地产登记时，要对权利人、权利性质、权属来源、取得时间、变化情况和房地产面积、结构、用途、价值、等级、坐落、坐标、形状等信息进行记载，整个过程也较为繁复。而对于元宇宙地产平台，一般会为地产建设者提供内置的确权工具，可以一键轻易地把地产转换为 NFT 实现元宇宙的产权登记。如果平台内并未提供这一功能，也可以借助外部平台和工具实现这一点。

（2）**交易流程**。传统地产中，无论是买卖地产还是租赁地产，看房都是比较烦琐的，而由于虚拟土地资产本身是数字资产，可以直接线上查看房产的状态、地块面积和高度、是否已建造、是否已装修、所有权是否属于土地所有人等，无需线下实体看房，非常省时省力。另外，现实中的房产交易涉及的产权变更及相关手续较为烦琐，元宇宙地产的交易则比较方便，签约一般使用的是智能合约，无需签订纸质的合同和办理相关手续，经过审计确认安全的智能合约也能保证交易整个流程不被人干预，自动完成。此外，和传统交易不同的是，因为元宇宙地产的产权都是存在链上，信息公开透明，买家可以直接查看元宇宙地产的所有权和历史流转记录，无需实地查看房产证等核实产权信息。

（3）**交易市场**。NFT 交易市场为虚拟土地及建造在虚拟土地之上的不动产提供了一个能展现其价值和流通价值的平台。一般元宇宙地产平台都会提供内置的元宇宙地产交易市场，人们可以通过参与市场行为轻松地买卖 NFT，进而实现其所有权的转移或交换。除了平台内置的市场之外，如果想实现跨平台之间的流转，各具特色的 NFT 交易平台也在不断涌现，像现在已被用户所熟知的主流 NFT 交易平台就包括 Opensea、Rarible、SuperRare、LooksRare、X2Y2 等。

3. 受用户活跃影响大

元宇宙地产更接近于现实中的商业地产，而对于商业地产来说，决定成败的就是商圈的流量，因此对于平台用户活跃度的依赖性较大。元宇宙地产中建造的各项建筑物、设施、娱乐空间等，基本都是为了实现其商业价值，而只有用户参与进来才具备商业价值。高活跃的元宇宙平台就像现实中的一线城市，因为流量充沛，在虚拟地块上进行的建造、开发、装修、建画廊、建品牌体验馆、开线上演唱会、开设沉浸式体验项目、出售、租赁、购买服务等经济活动就会变得越来越繁荣。反之，如果元宇宙平台失去用户、失去流量，在虚拟空间中的建设价值将会大大降低。

此外，现实中的商业地产不但建设城市的选择很重要，选择建

设地段也影响较大。中心区域、人流量大、外部环境好的地方往往
具有更高的价格，而这一点在元宇宙地产当中同样适用，因为依托
于流量的商业布局逻辑仍然存在。简单来说，用户活跃的元宇宙地
段会有更高的布局价值。

1.3　元宇宙地产的生态与发展

1.3.1　元宇宙地产的生态方

元宇宙地产的生态方主要有四类：元宇宙地产平台、元宇宙地
产商业用户、元宇宙地产开发商、元宇宙地产投资者。

1. 元宇宙地产平台

元宇宙地产平台是以虚拟土地为基础进行各种经济社会活动
的元宇宙平台，它是元宇宙地产运作的基础。目前，较为主流的
元宇宙平台有 Decentraland、The Sandbox、Voxels、Somnium Space
等。在这些元宇宙平台上，一般会有自己的虚拟空间、土地、建造
要求、可穿戴创作要求、交易市场、经济模式、治理模式等要素，
有的平台还会发行自己的交易代币。

元宇宙平台作为元宇宙地产的项目方，通常通过出售平台创建
和开发的资产（比如虚拟土地等）、收取一定比例的交易费等模式
获得收益。这些元宇宙平台一般会采用以下模式去实现元宇宙地产
的经营：

- **供应有限的土地：** 平台通常会规定可供销售的土地量，其中一部分土地用于公共使用，一部分土地可供销售。比如在 Decentraland 平台里，总共有 92 598 个地块，其中有 33 886 个街区地块、9438 条道路、3588 个广场，剩下的 43 689 个地块才可供销售。

- **为创作者提供工具：** 平台通常会提供一些工具供创作者创作，在 The Sandbox 平台里，平台提供了 Game Maker 软件供玩家制作游戏，游戏制作完成后，土地持有者或者租借土地的人可以发布游戏，供其他用户玩，平台还提供了 VoxEdit 工具供玩家创建素材资产，比如建筑物、装饰品、NPC 和敌人等。

- **打造平台生态：** 每一个元宇宙地产平台都构建了一个自己的生态，类似于一个微型世界，在这个微型世界里，各个参与者可以购物、社交、娱乐、创造等，同时有一套经济机制，供玩家、创作者、土地持有者在平台中进行交易。

2. 元宇宙地产商业用户

元宇宙地产商业用户是各种元宇宙商业的消费者。他们聚集在元宇宙地产平台、体验各种沉浸式的互动，并构成元宇宙商业价值的实现源泉。回归商业本质，即便是元宇宙商业，其所求也不过是两个因素：用户的时间和用户的金钱。从时间维度上，用户访问数与用户停留时长一直都是数字经济中重要的商业指标，因为它们象征着各种潜在的商业转化。即使用户没有支付任何资金，但高频的互动和长久的停留时间可以让用户形成较高的品牌忠诚度或自发的传播行为，为企业创造品牌价值。而从金钱维度上，这些商业用户会成为元宇宙商业经营者的主要付费者，他们可能会购买虚拟球鞋NFT给虚拟形象穿戴，也可能购买数字门票去体验虚拟场馆。而从用户角度，他们在元宇宙中消费的是体验，这份体验也许是元宇宙地产平台、元宇宙地产开发商、元宇宙地产投资者共同提供的。

3. 元宇宙地产开发商

元宇宙地产平台的开发商主要包含三类：个体用户、品牌主和专业开发机构。因为元宇宙地产平台大大降低了创造的门槛，许多热爱创造或有志于独立经营元宇宙商业的用户可以尝试借助内置工具进行元宇宙地产开发，类似于现实中的个体工商户，只不过他们自行包办了相关的地产建设工作。此外，一些现实中的品牌主为了达到促进品牌传播、元宇宙化已有业务或是借助新奇形式吸引用户等特殊目的，往往也会主导一些与自身品牌相关的项目开发。通常来说，这些品牌主会在元宇宙地产平台内购置大块地段优异的土地，并与元宇宙地产平台方进行联动宣发。同时，利用内部的建模和设计团队在平台方的协助下建立具有品牌特色的建筑或场馆。相较于个体用户搭建的建筑，这类建筑会显得更加精致，美观性更高的同时可体验性也更强。在建设完毕后，多会与平台联动举办活动周，吸引用户来建设好的场地内体验游戏、购买商品、参观藏品和表演等，像 Absolut Vodka、Gucci 等品牌之前也分别在Decentraland 和 The Sandbox 上举办过相关活动。除了像这种品牌方，还存在一些专业的个人或元宇宙地产开发机构，专门针对有意向布局元宇宙商业，但是自身并没有建设技能，或者建设技能不能够满足相应的建设要求的需求方提供建设开发服务。

4. 元宇宙地产投资者

正如现实地产项目的开发会存在诸多投资者，元宇宙地产也会存在这样的角色。不过，因为元宇宙地产购置和开发的难度并不高，所以不仅是机构投资者，个人投资者也可以参与。而对于机构投资者来说，创办地产基金依然是一种具有实践意义的选择，基金化的管理可以更好地分散风险，并且专业化的管理也可以带来更大更稳健的收益空间。不过，这些基金除了投资虚拟土地、土地上建筑等 NFT 资产，还可能针对元宇宙地产平台本身进行投资。一些基金除了持有这部分元宇宙地产资产外还会对地产本身开展运营、租赁等运营活动，全方位地强化投资组合的收益。

1.3.2　元宇宙地产的发展

1. 规范化

目前元宇宙地产行业的发展尚处早期阶段，而对于早期行业的发展，最重要的就是规范化。对于元宇宙地产的问题，2022 年 8 月 23 日，北京市文化娱乐法学会常务理事、元宇宙和数字经济法律专业委员会主任庞理鹏在采访中表示，目前元宇宙地产平台处于初级阶段，其价格和价值偏离很大，投机炒作盛行。与炒作虚拟货币类似，参与其中很可能通过二级市场抬高价格，而"黑天鹅"事件的发生很容易造成元宇宙地产价格一落千丈，让消费者和投资者蒙受巨额损失。对于行业的合规管理以及未来合规发展，庞理鹏表示，当前我国没有专门针对元宇宙地产行业的法律规范，但现有的法律法规、规章等仍对其具有约束力，尤其是我国监管机构对于虚拟货币的监管规范，元宇宙地产行业应当加强借鉴。由于元宇宙地产行业随着新兴技术诞生和发展，法律规则应当逐步完善以填补空白。此外，元宇宙地产的建造、出租、交易流转等在民法上如何界定，以及当用户蒙受损失时如何主张赔偿的问题也需要有法律规则进行完善。

2. 商业场景的多样化

随着元宇宙的发展，越来越多的机构和个人进入到元宇宙平台中，围绕着虚拟土地必然会发展出更加多样化的商业形式。最初的建立在虚拟土地上的场景主要还是以简单的游戏形式为主，后来出现了 NFT 销售、元宇宙音乐会、虚拟展馆、品牌活动等多种多样的经营形式。未来，元宇宙地产平台将有可能出现更加丰富的商业场景，部分现实世界中无法实现的商业想法都将可能在元宇宙平台中实现。另外，商业与元宇宙地产结合后会强化元宇宙地产的使用属性，并弱化投机属性。加强借助元宇宙地产平台上的元宇宙商业布局将有效地避免频繁的炒作现象，能实实在在促进数字经济的发展。

3. 产业生态的完善

随着元宇宙地产的发展，产业生态会逐渐走向完善。一方面，出现了专业化的分工，包括像 MetaEstate、Voxel Architects 等元宇宙建造商；像 NFT 销售交易平台 Opensea 也开通了元宇宙地产的销售类目；Landworks、Doubleone 等租赁平台；帮助客户投资和运营管理虚拟土地的元宇宙地产基金 Metaverse REIT 等。这种专业的分工化趋势通常是一个新兴行业进入成长加速期的重要标志。另一方面，随着 Web3.0 平台的基础设施升级，未来可能将会更广阔地吸纳 Web2.0 暂未进入的用户参与到元宇宙地产的各项活动中，这些都有利于元宇宙地产业生态的完善。

1.4 元宇宙地产的风险与监管

1.4.1 元宇宙地产的风险

元宇宙地产作为在元宇宙平台内通过 3D 建模技术搭建、运用区块链相关技术进行产权标识的数字不动产，虽然相较于实体不动产有诸多优势，但依然存在诸多风险。这些风险既可能来自深度沉浸化的元宇宙平台本身，也可能来自为了实现确权而采用的区块链技术，本小节将系统分析元宇宙地产业可能涉及的相关风险。

1. 数据隐私与数据安全问题

在一些元宇宙地产平台中，人们为了让自己的虚拟化身与元宇宙世界有更真切的互动，需要通过 VR 头盔或其他感官接入设备来实现沉浸式的体验。在使用这些设备的同时，用户更多涉及生物特征的数据可能被采集，如生物识别数据和用户的情绪和生理反应数据。此外，因为元宇宙地产行业除了元宇宙的"沉浸式"特征外，还具备商业性，在运营过程中不可避免地会涉及个人身份信息和金融类信息的收集交换。一旦这些信息发生泄露，不法分子就有可能根据数据去推断用户个人画像进行针对性欺诈，也可能对用户现实中的个人资产进行窃取。正如区块链公司 Thinkchain 创始人兼首席执行官 Dileep Seinberg 所说："一旦我们用数据（在元宇宙中）更多地展示自己，我们就会变得越脆弱。我们的数据化身可能会被操纵滥用以获取利润，甚至伤害到现实世界的自己。与任何技术一样，元宇宙与元宇宙地产是具有革命性的，但我们需要为此定义社会、政治和心理限制，以及我们应该允许多少控制来共享我们的数据。"

虽然各国都有敏感数据的获取需要征求用户同意的相关法律保障，例如欧盟的《通用数据保护条例》（General Data Protection Regulation，GDPR），我国的《个人信息保护法》《数据安全法》《网络安全法》等，但这并不意味着数据安全就有了彻底的保障。且不论繁长的同意条款用户无暇仔细阅读，即使是合规运作、充分尊重用户数据隐私的平台，也不意味着能够百分之百地保障数据安全。对于新兴技术行业来说，平台的漏洞是难以避免的，而这些漏洞非常容易遭受黑客攻击并被窃取数据。

此外，由于元宇宙地产业数据和元宇宙平台具有数据跨平台共享的互操作性特点，用户的数据不仅能在元宇宙地产平台内部流转，还能实现平台与平台之间的移动，而发生泄露事件的责任主体也是难以明确的。尤其是在采用去中心化元数据模型的平台中，确定数据管辖权将是一个挑战，因为它可能与用户的位置、化身的位置或相关服务器的位置相互关联。这种管理边界的不明晰，可能会让数据共享协议中数据安全及保护的相关条款无法起到保护用户的作用。

2. 中心化垄断风险

以区块链为底层技术的 Web3.0 浪潮已成为元宇宙地产行业发展的重要助推力量，实现这股趋势的核心是去中心化。相较于Web2.0 时代，地产的价值度量、市场交易等不再受制于平台本身，而是由大众的共识去实现自然的价格发现与产权交换，这为元宇宙地产业的蓬勃发展注入了超乎想象的驱动力。然而，因为由中心化过渡到去中心化存在一个时间过程，而平台背后科技公司的利益诉求会驱动其扩大规模，并通过兼并和收购来塑造元宇宙环境的构建模块，虽然这种趋势有利于提高元宇宙内数字生态系统中的互联性和互操作性，但存在着很高的中心化垄断风险。例如，Meta 公司一直在视频游戏和社交媒体领域进行大规模收购。这种可能由几家大公司主导的新格局，可能会引起许多竞争问题。

到目前为止，元宇宙地产的业务一直集中在"四大平台"——The Sandbox、Decentraland、Voxels 和 Somnium。 根 据 Republic Realm 的一份报告，在 2022 年，这四个平台占有全行业 62% 的可用土地和全年土地销售额的四分之三。在这种格局下，很难保证这些元宇宙地产平台背后的大公司不会极具侵略性地收购新生的竞争者，以阻断它们的创新威胁和预先消除未来的竞争。目前，各国监管机构已经开始持续关注这些元宇宙平台中可能产生的中心化垄断问题，例如德国联邦贸易委员会、欧盟监管机构都出台了相关政策，以期望缓解高科技企业，尤其是新兴虚拟现实市场中的垄断问题。

3. 知识产权争议问题

元宇宙地产建造创作的知识产权仍然是元宇宙平台中一个值得

关注的问题，即使伴随着 Web3.0 出现的 NFT 很大程度上为元宇宙地产的归属提供了重要的裁定依据，但在司法实践中依旧存在诸多问题。例如，即使通过 NFT 的交易记录界定了侵权行为，但如何追踪到侵权者的具体身份、追究侵权者的违法行为，以及界定适用法律和管辖权都是一大难题。这些侵权者通常是基于区块链的平台上的分散网络来分布和复制的，而追踪到的钱包地址倘若并未绑定身份实体，则很难定位到侵权者，同时又因为区块链的去中心化特征，在未定位到侵权者的情况下难以消除侵权影响。此外，另一个问题在于区块链很难界定具体归属地，而现行法律依照"属人—属地—受害者"框架下的管辖权界定，受害者只能依照本国法律适用执行，很难得到跨国司法资源的支持。

除了元宇宙地产创作方面的知识产权问题，就元宇宙商业而言，商誉的侵权又是另一大问题。部分元宇宙地产可能在未经授权的情况下侵犯了流行品牌的商标权益，但因为元宇宙中元宇宙地产在法律性质的界定方面的模糊，可能难以进行追责。虽然从总体上看，现行的商标法似乎适用于元宇宙，但一些专家强调，在法律中具体提及元宇宙可能是有益的。目前，部分国家在考虑修订广告立法以解决其对元宇宙的影响，一些专家认为，适用于视频游戏的规则可能可以为元宇宙中商标的监管框架提供参考。例如，法国广告管理局最近更新了其指导方针，以澄清适用于元宇宙的规则。

除了著作权和商标产权外，对于元宇宙地产本身的所有权，现行法律框架并不完善。元宇宙地产通常与 NFT 相绑定，但围绕NFTs 的法律和监管框架正在发展之中，对其确权特性的法律定义还存在争议。一些法律评论家强调，对于元宇宙中数据资产的所有权是受制于合同法而不是财产法的，对于有合同约束的 NFT 资产，

所有权的验证可能会出现法律的冲突地带。此外，由于没有关于
NFT 所有权的明确监管框架，也欠缺相应的资产安全保障措施，犯
罪分子可以通过诈骗、恶意软件和黑客攻击，获得对存储 NFT 和
其他加密资产的数字钱包的非法访问，在所有者不知情或不允许的
情况下盗取和出售 NFT，却难以被法律制裁。

4. 合规与炒作风险

虽然加密货币的出现为元宇宙地产平台的发展提供了一些便
利，但也为元宇宙地产业的发展埋下了一些合规隐患和炒作风险。
由于使用加密货币进行交易并不一定需要进行实名认证，这也让元
宇宙地产有可能会成为避税、洗钱、赌博的工具。此外，可能会存
在打着元宇宙地产开发的名义开展非法集资活动的不法分子。

除了这些由于加密货币交易而衍生出的潜在风险，因行业尚
处初期还不够成熟，元宇宙地产的市场价格可能会被操纵，被元宇
宙地产或者平台虚拟货币的巨额持有者所操纵，引发巨额的市场波
动，从而产生炒作风险。目前，海外元宇宙地产市场的一些数据可
能可以一定程度上反映这种炒作所形成的泡沫。据媒体报道，The
Sandbox 上的一块土地初始价格为 99.9 美元，经过三次转手后，价
格达到了 6.8 万美元，涨幅超过 680 倍。如果泡沫破裂，这些元宇
宙地产的投资者就可能面临巨额的投资亏损和资金损失。不仅如
此，如果元宇宙地产的金融属性过强、未按照司法管辖区域的规定
进行合理风控，干扰到现实层面，可能会在穿透式监管下被认定为
严重扰乱了经济金融秩序的非法金融活动，从而带来一定行政乃至
刑事的惩罚。

1.4.2　元宇宙地产的监管

1. 元宇宙地产的国内监管

元宇宙地产业作为新兴行业，目前国内暂未有针对于元宇宙地产的法律法规，大多数监管法规都是从"元宇宙"平台角度或者"NFT"这个元宇宙地产的承载物的角度进行制定的。在元宇宙平台方面，2022年2月，中国银保监会发布的《关于防范以"元宇宙"名义进行非法集资的风险提示》指出，编造虚假元宇宙投资项目、打着元宇宙区块链游戏旗号诈骗、恶意炒作元宇宙房地产圈钱、变相从事元宇宙虚拟币非法牟利将有可能涉嫌非法吸收公众存款罪、集资诈骗罪等违法犯罪活动。如果要被认定为吸收公众存款罪，需要满足《最高人民法院关于审理非法集资刑事案件具体应用法律若干问题的解释》第一条中的四个条件：（1）未经有关部门依法批准或者借用合法经营的形式吸收资金；（2）通过网络、媒体、推介会、传单、手机信息等途径向社会公开宣传；（3）承诺在一定期限内以货币、实物、股权等方式还本付息或者给付回报；（4）向社会公众即社会不特定对象吸收资金。符合这些要求，且属于中国司法管辖范围内，可能会有被认定为吸收公众存款罪的风险。而至于集资诈骗罪，其认定也有两个关键点：（1）客观上行为人是否采用了虚构事实、隐瞒真相的方法。（2）主观上是否有非法占有他人财产的目的。因此，如果利用虚拟房地产集资后未将资金实际投入其中或实际投入比例与所集资金明显不成比例，就有构成集资诈骗罪的可能。

此外，对于NFT方面，在2022年4月13日中国互联网金融协会、中国银行业协会、中国证券业协会联合发布的《关于防范

NFT 相关金融风险的倡议》，为 NFT 形式的元宇宙地产的监管提供了重要指导意见。该倡议中指出："规范应用区块链技术，发挥 NFT 在推动产业数字化、数字产业化方面的正面作用。"并列举了推动 NFT 合规化的六项指导：

- 不在 NFT 底层商品中包含证券、保险、信贷、贵金属等金融资产，变相发行交易金融产品。
- 不通过分割所有权或者批量创设等方式削弱 NFT 非同质化特征，变相开展代币发行融资（ICO）。
- 不为 NFT 交易提供集中交易（集中竞价、电子撮合、匿名交易、做市商等）、持续挂牌交易、标准化合约交易等服务，变相违规设立交易场所。
- 不以比特币、以太币、泰达币等虚拟货币作为 NFT 发行交易的计价和结算工具。
- 对发行、售卖、购买主体进行实名认证，妥善保存客户身份资料和发行交易记录，积极配合反洗钱工作。
- 不直接或间接投资 NFT，不为投资 NFT 提供融资支持。

截至目前，元宇宙地产暂未有明确的统一的法律定性，监管条例也多结合各平台的法律实质角度进行适用。不过伴随着元宇宙地产行业的发展，未来也许可以看到更健全的监管体系。北京市文化娱乐法学会常务理事庞理鹏曾提出四项准则加强对元宇宙地产行业的监管，或许可以提供借鉴。

元宇宙地产需要进一步进行权属性质的法律认定，在现有法律框架下，元宇宙地产可能会被认定具有财产属性，从而受到财产权保护，但元宇宙地产的性质是物权、债权还是知识产权，需要进一步厘清。

实体经济中"房住不炒""去金融化""去杠杆"的基本原则在元宇宙地产中应当同样适用，在法律法规层面应进一步确认基本原则。

元宇宙地产平台需要视为服务提供商纳入反洗钱监管的框架，做好客户认证（KYC）和反洗钱（AML）审查，包括对用户钱包账户、地产 NFT 的资金流转过程进行合规审查。

应当在法律法规中确认元宇宙的合规体系，通过法律、技术、审计等相互协作配合，对元宇宙地产运营进行合规审查。

2. 元宇宙地产的海外监管

虽然元宇宙地产在海外发展较为繁荣，但整体的监管体系尚不完善，各国政府主要还是依赖"相同风险，相同监管"的原则进行监管。无论是对于承载元宇宙地产的 NFT 还是用于交易的同质化 Token，都会根据其业务实质界定其法律性质，并参照已有的监管政策纳入监管。例如，美国 SEC 将 Token 划分为证券型和使用型；新加坡划分为证券型、支付型和使用型 Token；日本将 Token 划分为证券型和使用型。通常来说，对于证券型 Token，许多国家会由 SEC 负责监管，按金融产品和有价证券进行处理；而对于非证券型 Token，如果涉及结算的需要申请相关牌照，如果更接近于商品性质的也需要进行身份认证、反洗钱、反欺诈、反恐怖主义等监管措施。此外，除了这些准入性质的监管措施外，还会有税收监管和其他方面的监管措施。未来，元宇宙地产的海外监管还有待各国监管机构及法务人士进行更多的探索。

第 2 章
元宇宙地产平台

"忘记纽约、巴黎、伦敦或蒙特卡洛吧。尽管这些城市无疑是耀眼和迷人的,但最热门的地产不再是从现实世界中找到的了。"

——Rachel Breia

　　　　元宇宙平台们正为我们描绘这样一个蓝图：用户能够在这片虚拟的乐土进行花样繁多的冒险，从巨龙宝藏的探索，到跨越星河的激斗；借助强大的工具，每个人都可以发挥畅想，打造个人家园，也不断地为他人创造出新的体验；在虚幻的现实中，自由地探索这充满无限可能的世界，从蓝精灵的花园到赛博朋克之都。朋友们能一起娱乐、社交，在宁静的森林中喝一杯下午茶，或是在当红音乐人的派对上狂舞；惊奇的旅程不断延展，结识更多好友，听音乐，逛商场，探乐园，让虚拟世界的体验成为我们生活中不可或缺的一部分，甚至变得比物理世界更加重要。

　　　　在这样宏大的叙事下，元宇宙地产行业得以飞速发展，平台可以通过土地募得大量资金，并借助去中心化的创作者生态与经济体系去建造发展各种形式的虚拟建筑设施，以此衍生出种种有趣的商业模式，具备这种运行生态的元宇宙平台也可以被称为元宇宙地产平台。本章将对元宇宙地产平台的构成要素及主流的元宇宙地产平台展开介绍。

2.1　元宇宙地产平台的构成要素

2.1.1　建设系统

元宇宙地产平台的发展无法仅仅依靠平台内土地本身的买卖实现，而是和现实世界的商业地产类似，需要有人依托于虚拟土地展开各类不动产的建设，以及相关的经营活动。这就要求元宇宙地产平台，除了提供土地外，还需要拥有相关建设系统，这个系统主要包含两个能力：虚拟资产的创造能力，以及实现这些资产确权的能力。

创造能力，指在平台的土地上创造出各类数字素材的能力，如文字、图片、视频、模型、游戏等。而在元宇宙的世界中，3D 内容的创作又最为重要。在传统行业，如游戏、影视中，此类内容的创作具有极高的门槛，需要掌握相应的生产力工具和知识，因而只有极少数专业创作者能够参与。但仅靠专业创作者这个群体，很难支撑起一个广袤、繁荣而多样的宇宙，也无法使普通用户更深度地介入到价值创造的过程中。举例来说，知名的大型游戏工作室，数百名工程师经过数月甚至数年打造的内容，也会很快被玩家探索、消费完毕。因此，元宇宙地产平台需要降低内容的创作门槛，优化内容创作工具，搭建更易用的素材库和功能模块，帮助更多人真正上手建设、创造，使得生态得以繁荣。

在虚拟世界中，创造的产物以数据的形式存在，即数字资产，对于这种虚拟类型的资产，如何确定其产权的归属就变得尤为重要。在过去，数字资产的确权往往是借助产权条例等方式来完成的，但这不可避免地会带来抄袭作品易、维权举证难等问题。现在，不同于以往的中心化储存，这些数据被写入区块链，这一不可篡改、公开透明的"账本"上，随时都能进行方便的追溯，这样，每个人对于数字资产的相关权益就有了更好的保障。除了这种追溯能力外，数字资产的权益性质也发生了改变，用户真正掌握了对自己创造素材的所有权。对于传统平台，用户实质上只拥有数字资产的使用权，而所有权往往归公司或平台所有。举例来说，公司可以不经许可地使用或删除用户的账号以及数据。即使平台在产权条款里约定了数字资产归用户所有但如果平台关闭，用户在其中积累的数字资产也会随之化为乌有。而当 Web3.0 时代的到来很好地优化了这一个问题，借助区块链的确权方式让数字资产不会受制于某个中心化的存在，而是完全地被用户所有，即使游戏关服、平台倒闭，这些资产仍将安然无恙。数据资产的确权构成了许多元宇宙地产平台发展虚拟经济的基础，创作者能够自由地、安全地支配他们的建造物，在土地上进行各类创作。

2.1.2　交易系统

元宇宙地产业能够在平台上得以发展的重要前提是能够实现虚拟土地与不动产的自由交易，因而元宇宙平台需要具备相应的交易系统，主要包含三个部分：土地（资产）的价值符号、经济系统以及流通体系。

对于价值符号，先前曾出现过积分和法币交易的形式，但容易带来交易链路长、易受诈骗、周转慢等一系列问题。目前，主流的元宇宙地产平台主要是利用区块链上的加密代币进行计价，交易。

而链上的加密代币给予了数字资产良好的流动性，极大地方便了点对点资金/资产的流转。

在经济体系上，元宇宙地产的价值除了来源于元宇宙平台本身的声誉背书，也来源于平台上开展各类经济活动的潜力（如售卖商品、门票、打广告等），而这些活动的价值又被加密代币所捕获，进而加入到流通环节。同时，基于区块链技术，平台为土地发行的总量设置了上限，并做了土地位置、大小的区分，这为虚拟土地创造了稀缺性，形成了其价值的又一支撑。如前所述，数字资产所有权清晰且"保真"，这些要素都可以让参与者更有信心买入。另外，区块链赋予数字资产以互操作性，资产不依附于单一平台，而是能够跨平台迁移，且一直存续，这个特性使得数字资产具有更持久的生命力和恒常的价值。

在流通体系上，基于区块链的土地资产以及加密货币也具有许多优势。用户除了能够在一级市场购买资产，也能够在平台自己或者公开的二级市场上自由交易，或在租赁市场进行出租，这一点在现有的绝大多数平台中都是无法实现的（如游戏公司会打击游戏平台内外的交易）。同时，也不再会有平台从每一次交易中的高额抽成，仅仅需要支付少量的手续费。在这种情况下，创造者所生产的价值完全可以被其个人所有，加之链上交易更加安全，摩擦更小，创造者就有更多的动力生产建造，并销售盈利。不止是创造者，先前购得资产的用户也能够无门槛地将其售出，靠自己的洞察和远见赚取差价。

2.1.3　体验系统

无论是实体资产，还是数字资产，都需要一个应用场景来发挥价值。而对于元宇宙地产平台来说，数量有限的虚拟土地就是核心资产，而围绕它建立的元宇宙商业体系就是最主要的应用场景。平台的各类参与者围绕着土地展开互动，最基本的循环是：创造者们制作素材，搭建场景，设计游戏，并将它们以数字资产的形式出售；土地所有者购买地块，以承载各类数字资产，为用户创造体验；用户为体验或者装备等付费，或是间接地以广告费的形式报偿土地所有者。只有基于土地，流转中的数字资产才能发挥效用、创造价值，正因如此，土地本身也成了经济循环中最重要的一类数字资产。而这个机制，解决了传统虚拟体验中，缺少完整经济循环和价值捕获的问题，每一个环节的参与者，都有潜力通过自己的参与、创造，便捷地获得收益。

同时，元宇宙地产之上的全新体验，为社交、娱乐、消费都带来了新的可能。以消费为例，元宇宙的商业有着新人群（年轻一代数字原住民），新商品（虚拟商品、NFT），新体验（沉浸式体验 /线上线下结合），新支付（加密代币），新渠道（虚拟商店）……这一切变革的结合，将是新的范式，而元宇宙地产平台，则是这些范式转移的基础设施。

2.2 The Sandbox

The Sandbox 是由 Sébastien Borget 和 Arthur Madrid 在 2012 年共同成立的，最初是一款大受欢迎的 2D 像素风游戏编辑器。在 2018 年，The Sandbox 转型成为基于以太坊的元宇宙地产平台，让玩家能够在平台上购买土地、创建素材、设计/体验游戏、并从过程中赚取其原生代币 SAND。公司于 2018 年被 Animoca Brands 收购，并于 2021 年年底完成了 9300 万美元的 B 轮融资。自 The Sandbox 产品面世以来，获得了诸多关注，已经和超过 300 个品牌、明星、公司达成入驻合作。

2.2.1 The Sandbox的起源

时间倒回 2011 年，The Sandbox 的创始人们应该很难想象，有人愿意在未来的 The Sandbox 游戏中豪掷 45 万元美金，只是为了和一个名人"做邻居"。从一个像素游戏编辑器，到区块链驱动的开放虚拟世界，这条"进化之路"，The Sandbox 走了将近 8 年。

The Sandbox 发轫于创始人 Sébastien Borget（现任首席运营官）的游戏创作理想，那时的他正因为缺乏开发游戏的各项资源而苦恼。为了帮助他自己和更多人无门槛地制作游戏，他和他的同事 Arthur Madrid（现任首席执行官）共同开发了一个 2D 像素游戏编辑器 The Sandbox，在 2012 年登录安卓和 iOS 端应用市场，并于同年被苹果评为 2012 年的"年度最佳游戏"，在最开始就展现了作为用户自生成内容类（User-Generated-Content，UGC）游戏的巨大潜力。而于 2016 年推出的 The Sandbox Evolution 则更进一步，除了让创造系统的功能变得更加强大之外，也加入了世界内初始的虚拟货币体系和原始的经济系统。而正如其名 Evolution 一样，The Sandbox 自那时起就开启了加速演化之路，后来急速发展的区块链技术更是将它的演化带到了一个全新的高度。2017 年，GameFi 的先驱加密猫对于 NFT 的运用吸引了 The Sandbox 的注意，在这个

NFT 时代来临的前夜，他们意识到这是实现数字资产确权的关键技术，并立即着手将这套系统和先前的 UGC 生态进行结合，以进一步赋能创作者。

一路走来，The Sandbox 始终以创作者为核心构建生态，正如 Arthur Madrid 所说，"我们打造 The Sandbox 的核心思想，就是让社区成为价值创造的中心"。可能正是因为这种专注，能让 The Sandbox 提前一步洞察未来创作者生态的形态，并抓住 Web3.0 转型的机会，让自己成为了这种新范式的代表之一。

2018 年，The Sandbox 被 Animoca Brands 收购，专注于全新的、基于区块链的虚拟世界开发。伴随着 2019 年 The Sandbox 被评为"最受期待的区块链游戏"，它也完成了 341 万美元的种子轮融资。而没有辜负大众对它的期待，在紧接着的 2020 年，The Sandbox 在区块链游戏公司评选中排名第 13，并在 2021 年 11 月宣布获得了由软银领投的 9300 万美元 B 轮融资，进化的车轮滚滚向前。

从 2D 到 3D，从像素颗粒到动态光影，The Sandbox 一直走在画面升级的路上，但也许更加重要的是实现了叙事上的升维。图形为表，Web3.0 为里，两者相生相倚，共同勾勒出了元宇宙概念的雏形，并奠定了元宇宙地产业发展的基础。

对于一个想在 The Sandbox 当中建设元宇宙地产并经营元宇宙商业的人，他可以通过以下步骤来实现：首先，他需要使用 SAND（The Sandbox 发行的加密货币）购买一块 NFT 土地。接着，他可以使用 SAND 在市场中购买各种喜欢的模型素材，用以搭建和装饰土地。而市场中的各类素材，是由其他创作者使用素材编辑器（Voxel Editor）制作的。同时，创作者、土地所有者也可以通过游戏创作器（Game Maker）为这些素材添加各类交互，并部署在土地上，打造出更沉浸、更个性化的体验。这一套经济循环的基础与整体元宇宙商业的生态正是依托于前一小节提及的"创造系统""交易系统"与"体验系统"发展的，后文将对这些内容进行详细介绍。

2.2.2　The Sandbox的创造系统

The Sandbox 模式的价值内核是"用户自生成内容"（UGC），因而，内容创造工具是其重中之重。在这个"区块链赋能，人人可创造"的叙事之下，各大元宇宙地产平台也都推出了自己的创造工具，期待用户能创建、拥有、销售自己的数字资产，The Sandbox 也不例外。The Sandbox 的创造工具叫作 Voxel Editor，用户能够使用内置的工具自由创作各类由像素块构成的各种物件素材，理论上来说，用它创造的可能性是无限的。

Voxel Editor 较有特色的一点是拥有与 Maya、3D Max 等专业 3D 软件类似的"骨架"功能，也就是说，创造者除了可以编辑素材本身，也可以为其搭上骨架，并根据时间轴为其增加动作和动画，该功能进一步丰富了用户的创造空间。当用户拥有了素材之后，他们可以使用游戏创作器（Game Maker）将创建的素材部署在自己的土地上，并为之添加多种互动、逻辑（如任务、对话、战斗系统等等）。值得注意的是，这些创造工具均实现了"无代码化"，极大地降低了用户参与创造的门槛。不过，虽然无需写代码，但根据 The Sandbox 发布的大量教程内容和难度来看，对普通用户来说，真正上手工具并做出优质作品，仍有相当的挑战。另外，必须要考虑的一点是，在平台早期扮演重要角色的，可能并非是用户自生成内容（UGC），而是专业用户自生成内容（Professional-User-

Generated-Content，PUGC）。这些创造者们已经熟练掌握各类专业工具，但此时却为了要在 The Sandbox 上做内容而重新学习工具，并接受因降低门槛而牺牲的各类功能，在此类情况下，"无代码"可能会成为平台早期涌现优质内容的一个障碍。

2.2.3　The Sandbox的交易系统

1. SAND 代币

SAND 是由 The Sandbox 发行的，基于以太坊区块链的加密货币，发行总量 3 000 000 000 枚，并被用作 The Sandbox 世界中的流通代币。SAND 遵循以太坊的 ERC-20 协议标准，这意味着 SAND 是一种同质化代币，即每一枚 SAND 的基础价值始终保持一致，这为用户间的点对点交易提供了极大的便利。SAND 代币在平台内的用途包括：

- **使用**：在 The Sandbox 平台中购买装备、虚拟形象、土地等资产，为世界中的各类体验、服务付费，或者是支付 SAND 来将自己的资产上传到市场中以供出售。
- **治理**：SAND 同样是治理代币，象征着投票权，SAND 的持有者能够参与到 The Sandbox 生态未来发展方向、平台内项目资助、开发内容和优先级等话题讨论中，并通过投票进行决策。
- **质押**：持有者可以质押 SAND 代币，并通过此行为获得更多 SAND 的利息收益，以及用于资产铸造的催化剂和宝石。催化剂和宝石可以用来为资产添加属性和稀有度等。

与此同时，The Sandbox 采取了一套费用捕获模型（Fee Capture

Model）来获取平台收入，SAND 代币交易量的 5% 会被分成两份，分别导入质押池（Staking Pool）和 The Sandbox 基金会中（Foundation），同时也会将通过土地发售和订阅服务等获取的收益导入其中。基金会担负着支持 The Sandbox 生态发展的任务，需要为各类有潜力的项目和体验提供激励，以促进社区的涌现。迄今为止，基金会已经资助了大量的平台内开发项目以及 NFT 艺术家。

2. 土地

The Sandbox 中的土地是基于以太坊 ERC-721 协议的 NFT（Non-Fungible Token），即非同质化通证。区别于先前介绍的 ERC-20 同质化代币，每一枚 NFT 都是不同的、不可分割的，拥有独一无二的链上凭证，因而 NFT 之间无法直接对等地互换互通。NFT 的运用对元宇宙地产平台而言是革命性的，它能够帮助用户清晰地界定数据资产的所有权，确保稀缺性、安全性、真实性等等。The Sandbox 每块土地的大小为 96×96×128，共有 166 464（408×408）块。图 2-1 展示了 The Sandbox 中虚拟土地的全景地图。

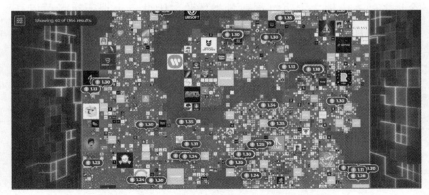

图 2-1　The Sandbox 中虚拟土地的全景地图

另外，一个或多个用户还可将土地进行组合，构成更大的地块（ESTATES），甚至地区（DISTRICTS），并在其中制定自己的规则，创造出更综合性的地产项目，如搭建一整个主题公园，并提供多种方案的套票等。基于这些设计，The Sandbox 生态内可能会诞生一些颇为复杂的元宇宙商业模式。

此外，用户持有的土地 NFT 都有一个坐标信息。因此，虚拟土地并非是无垠的数字空间中孤立的方寸之地，而是拥有相互之间明确的位置关系。这就令 The Sandbox 世界内的元宇宙地产业也遵循了李嘉诚的那句"地段，地段，还是地段"了。平台中相似大小土地的价格会显著受到位置的影响，靠近官方活动中心、名人、热门地块、道路设施等的土地价格都会更贵。不过，这种"地段价值"的背后体现的是该地区的流量和活跃度。当前，"主城、明星、大品牌的土地在未来会有足够充沛的流量，能帮助地产经营者收回购买时的溢价"。当然，这只是建立在理想化假设下的一种预期，而这能否变为现实，地产经营者们需要知道的，可能不止是邻居的名字。

那么用户如何通过土地赚钱呢？最直接的方式即是溢价售出。除此之外，土地之上可以承载各类体验，因此，土地所有者可以开展运营，如搭建一些游戏、商店等，并通过收取"门票"，销售商品，或打广告等方式获取收益。同时，如果该所有者不想自己经营，也可以将土地出租。

3. 素材

素材基本囊括了 The Sandbox 中除土地之外的所有数字资产，包括模型、虚拟人、装备等等。素材能被转为基于以太坊 ERC-1155 协议标准的数字资产，该协议同时兼容同质化的代币和非同质化的代币，就好经营者可能只建设了一个独特的建筑物，是用 NFT 表示的独一无二的数字资产，但房屋周边可能有多个相同的景观，它们都是同质化的代币。创造者们使用前面提到的素材编辑器（Voxel Editor）不断生产，并把"产品"在市场中出售以赚取 SAND 代币，在区块链技术的支持下，代币、资产和服务不断流转。但值得注意的是，目前市场中在售的素材价格并不便宜（图 2-2），而这些素材是搭建任何体验的原材料。这意味着，在 The Sandbox 上创造体验可能会变得较为昂贵。

图 2-2　The Sandbox 上的素材售卖展示页面

4. 市场

在元宇宙地产平台的经济循环中，一个便捷、稳定且自由的玩家间交易场所是发展的核心。NFT 交易市场是平台的基础元素。创造者将自己的资产上传到分布式存储的星际文件系统 IPFS（Inter Planetary File System）上，通过区块链进行确权，并最终出售。事实上，这些包括土地、虚拟不动产在内的数字资产交易也可以在其他平台外部主流的二级数字资产交易平台上实现，但生态内的市场拥有更好的定制化功能和整合能力。

2.2.4　The Sandbox的体验系统

回到 The Sandbox 的具体体验，截至 2022 年 11 月，该平台仍只支持桌面客户端，对硬件配置有较高的要求，并且仍处于测试阶段，仅有一部分土地开放体验。因此，The Sandbox 目前的动作和内容主要集中在于 B 端的合作上。B 端合作多、声量大，是 The Sandbox 一个非常显著的特征，也是元宇宙地产平台中绕不过的话题。

截至当前，已经有超过 300 个来自不同领域的品牌、公司、明星买地入驻，在其中创造专属的体验。合作的形式多种多样，包括展览馆搭建、演唱会等虚拟活动，游戏，IP 空间，元宇宙总部，元宇宙城市，虚拟形象，虚拟商品，明星个人空间等。在虚拟世界发展的拓荒阶段，新叙事和不同行业碰撞出大量新的可能和实践探索，未来主流的模式可能就在其中酝酿。但大略来说，面对下一代数字原住民，B 端希望能够借助虚拟空间以及区块链技术，来拓展体验的维度和形式，增多联结的触点，增强和用户的沟通与互动。目前入驻 The Sandbox 的品牌涵盖了许多知名的明星 /KOL、游戏公司 / 知名 IP、消费品、城市及 Web3.0 领域的诸多项目。

1. 明星 /KOL

传奇说唱歌手、演员 Snoop Dogg 就是明星和 KOL 中最典型的例子。他在 The Sandbox 中搭建了自己的豪宅和 NFT 展览馆，在这里，他会举办派对、音乐会、游戏来和粉丝互动，但粉丝需要预先为这些体验购买门票。同时，Snoop Dogg 和 The Sandbox 团队共同设计并发售了一套 Snoop Dogg 虚拟人 NFT，总数 10 000 个（已售罄），以及配套的配饰，装备 NFT。用户在购买后，可以在 The Sandbox 世界中使用这些资产，改变自己的造型。另外，在 Snoop Dogg 所在的地块宣布后，The Sandbox 进行了其周边一些地块的拍卖，这些土地也很快售罄。没错，Snoop Dogg 就是那个让人愿意花 45 万美元做他邻居的人。

2. 游戏公司 / 知名 IP

老牌游戏公司雅达利（Atari）就已经和 The Sandbox 达成合作，宣布将在世界中搭建一座雅达利主题公园，为用户提供多种游戏、奖励以及社交机会。同时，The Sandbox 会使用自己的工具在世界中复刻雅达利的多款经典游戏，如《爆破彗星》（*Asteroids*）和《雅达利蜈蚣》（*Centipede*），使其在元宇宙中重焕生机。值得一提的是，在雅达利主题公园中，玩家除了可以使用 The Sandbox 自己的代币，也可以使用雅达利的代币消费，这不失为平台互通性的一个小小尝试。

此外，The Sandbox 还与大量其他游戏公司和 IP 合作，如 Square Enix 将会把旗下的《地牢围攻》（*Dungeon Siege*）移植到 The Sandbox 中，而育碧（Ubisoft）则会将 IP Rabbids（疯狂兔子）引入 The Sandbox。除了将已有体验迁移，用新形式再分发以外，也有合作方借助 The Sandbox 将原先的体验进行延展，如《行尸走肉》（*The Walking Dead*），蓝精灵在 The Sandbox 上发布了授权游戏，借助更多元更有互动性的交互不断扩大 IP 的影响力。

3. 消费品

阿迪达斯和 Gucci 等消费品品牌均在 The Sandbox 中购入了土地，开展品牌体验地产的相关建设。以 Gucci 为例，它在 2022 年 2 月从 The Sandbox 上购买了虚拟土地，并于 10 月底到 11 月初，正式在 The Sandbox 平台中开放了 Gucci Vault Land 的虚拟空间（图 2-3）。Gucci Vault Land 入口是一个被古代遗迹包围的美丽花园，穿过入口大厅后，用户会来到一系列展现 Gucci 品牌故事的房间，通过这些房间用户可以沉浸式地深入了解 Gucci 的品牌文化。此外，Gucci 还准备了一些有意思的互动环节，比如用户可以在 Vault Vintage Lab 中修复复古 Gucci 包或在 Vault Room of Rhyme 中破解谜语。

图 2-3   Gucci Vault Land 的虚拟空间

4. 城市

The Sandbox 除了这种点对点的联名，还联合众多香港公司、品牌、明星在虚拟世界中打造了一整个虚拟城市——Mega City。
在第一期 Mega City 中，入驻者包括郑志刚、新鸿基、香港普华永
道、时代资本、舒淇等 7 个明星或知名机构，他们带来了各自的
特色和流量，将地块共同打造成一个富有活力的虚拟社区，图 2-4
展示了第一期活动的宣传海报。而后，鉴于第一次的成功，Mega
City 第二期已于 2022 年 4 月推出，此次参与者包括香港海洋公
园、渣打银行、富豪酒店集团、Tatler Asia、MADworld、Gameone
和 UFO School 等 11 家机构。入驻方所在领域横跨酒店、教育、投
资、金融、娱乐、旅游、媒体等多个行业，它们汇聚在一起，通
过文化和游戏体验，展现了香港的魅力以及国际地位。此外，The
Sandbox 还计划将 Mega City 的模式输出到包括迪拜、新加坡、土
耳其在内的多个国家，这给 The Sandbox 的用户以及投资者带来了
巨大的想象空间。

图 2-4　第一期 Mega City 宣传海报

值得一提的是，在参与 Mega City 第一期的 9 个月后，香港

房地产巨头新世界发展集团 CEO 郑志刚作价约 500 万美元收购了
The Sandbox 上最大的一块虚拟土地，期望建成一个汇聚多家创新
企业的中心，以展现大湾区的商业成就和未来潜力。这些企业，如
基因检测行业的 Prenetics、物流业独角兽 Lalamove 等，都会在未
来尝试发行 NFT，并开发沉浸式的体验项目。

5. Web3.0 项目

除传统行业的合作者外，大量 Web3.0 行业内的知名玩家也入
驻了 The Sandbox，包含 Opensea、Polygon、Binance、DappRadar
等知名项目或平台。这些项目中区块链游戏和 NFT 占比较大，像
CryptoKitties、Axie Infinity 等知名链游，无聊猿、月鸟等知名的
NFT 项目也都入驻了 The Sandbox。这些区块链游戏和 NFT 项
目与元宇宙结合点多，最大的结合点可以令体验不仅仅是限制在
平面之上，而是可以充分拓展互动的维度。也许未来我们会看到
更多的此类项目迈入虚拟空间，让用户更加沉浸地建立联结，收
获体验。Yuga Labs（无聊猿母公司）和 Animoca Brands（The
Sandbox 母公司）联合开发的 Otherside，就是此趋势的一个典型
案例。

2.2.5　The Sandbox的未来发展

大量 B 端的入驻，为 The Sandbox 带来了诸多好处。
- 大量的流量和曝光，一些"明星"合作让 The Sandbox 大
  出风头；
- 合作伙伴种类和数量越多，理论上能为普通用户创造更丰

富和多元的体验，更多人可以在这里找到适合自己的活动；

- 现在多种合作模式（虚拟活动、联名游戏、元宇宙总部等）可以作为之后正式发布版本的试验田，从诸多的探索中挖掘出最优的、能够穿越周期的方案；

- 与一些公司的合作并不止步于买地和官宣，还向技术甚至生态方向进行延伸，例如区块链行业的一些伙伴或将赋能 The Sandbox 的侧链迁移，进行跨链跨生态开发等。

当前 The Sandbox 的成功很大程度上要归功于 B 端合作的顺利开展，而这些合作，如果运用得当，又可能会形成势能，滚起雪球，帮助 Sandbox 持续扩大优势。相应地，B 端这些客户也能够从这些合作中得到实惠。虽然它们已经在过去取得了辉煌的成就、显赫的声誉，但要使得基业长青，仍需对行业的最新趋势保持敏锐的洞察。为了在未来的竞争中仍能保有一席之地，B 端需要 The Sandbox 这样的元宇宙平台，来为自己注入新的元素、新的活力。同时，Z 世代的年轻人群体正稳步崛起，向虚拟生活迁徙的大势涌动不息，尽管现在看来这些应用还很早期，但总有人愿意下注来抓住范式转移。激进如 Gucci 成立了专注于元宇宙/区块链的团队，布局颇多。但同时，虽然许多品牌对新方案的需求日益强烈，在当下的时间点不知道如何入场实践，对于这部分 B 端而言，在一个知名的元宇宙地产平台购入土地，并配合宣传，可能是一个较为经济的选择，这不失为探索"Product-Story fit"的一个理想开端。

然而，需要注意的是，购入元宇宙地产并不是一次性的广告投放、买量，而是真正需要成为生态的一部分。若想要这块土地发挥一次官宣之外的价值，需要 B 端进行持续投入与运维，这将会考验

B 端多方面的能力，也是对元宇宙地产长期 ROI 的一次考验。若在未来无法有效运营商业、更新迭代，导致土地"抛荒"，那么土地不仅无法给 B 端提供长期价值，也会对整个 The Sandbox 生态带来影响。此外，还需要注意的一点是，目前 The Sandbox 一直引以为傲的 UGC 方面，还没有特别亮眼的作品。是 B 端的涌入让 UGC 沉寂了吗？一个软广很多的虚拟世界是用户想要的吗？这些问题值得 The Sandbox 重新审视其长期的发展规划。

总之，以 The Sandbox 为代表的元宇宙地产平台整体发展仍然处于早期，未来走向难以定论，但究其未来发展的本质，其方向可以被归纳为如下几个方面。

1. 用户体验

用户体验，又可以被分为链下和链上两个部分。链下部分，The Sandbox 等平台和传统游戏的发力点并无不同，在产品不断迭代的过程中，需要为普通用户降低延迟，提升画面表现，改进用户交互与用户体验，等等。同时，产品还可在不同终端中做迁移，The Sandbox 在未来也计划着从 PC 端拓展到移动端。

在链上部分，当前操作较为烦琐、昂贵、速度慢，且门槛高、受众小，这对于一款对用户基数有相当要求的元宇宙地产平台来说很难接受。因此，未来以 The Sandbox 为代表的元宇宙地产平台的重要工作可能就包括优化区块链和用户的交互体验，做到更加顺滑无感。这一点，The Sandbox 目前借助了以太坊 ERC-1776 的协议标准，实现了让平台为用户支付交易手续费，而用户侧无需操作，相信这一设计之后会变得越发主流。此外，平台也需要提升交互速度。The Sandbox 目前已经在向 Polygon 链进行迁移。作为以太坊的侧链（可以理解为因大路拥堵而开的新路），Polygon 更快、更便宜，非常适合有高频交易需求的虚拟世界。事实上，越来越多的区块链游戏也选择把资产放在 Polygon 等侧链上。

2. 生态拓展

生态拓展又包含合作伙伴数量和类型、收购、融资、土地销售这几个部分。拓展名人品牌入驻是 The Sandbox 的强项。在入驻对象名单不断变长的同时，The Sandbox 也可以与它们共同探索新的合作模式，这可能会为之后的主流合作确立范式。另外，合作伙伴不仅限于买地入驻并进行元宇宙地产的开发，也包括平台间的合作。举例来说，FlickPlay 和 The Sandbox 在 2022 年 4 月就做了打通虚拟资产迁移、实现互操作性的尝试。

3. 内容创作

对于一个以 UGC 为核心特点的平台来说，优质的内容是其用户价值创造的核心，也是实现流量长期留存、转化的必要因素。这包含创作者社区的运维、支持，以及创作者工具优化两个部分。先前提到，The Sandbox 中各类项目的资助是由基金会在进行的，具体来说，是由旗下的游戏创客基金（The Metaverse Game Makers Fund）来执行。该基金成立于 2019 年，初期额度为 200 万美元。它将 The Sandbox 的部分收入反哺给社区的优质内容，以促成正向飞轮，同时，这也是 The Sandbox 渐进式去中心化治理的重要部分。除此之外，就是持续优化创造工具，根据当前的创造者反馈，这些工具仍有许多进步的空间。

4. 抑制投机

加密代币的运用使得虚拟经济成为可能，但同时，币价的波动也会使得元宇宙地产平台中正常的商业活动受到相当的影响。如果 SAND 的价格震荡比较激烈，这就意味着在 The Sandbox 中，如果物品和服务的交易以 SAND 计价，那么其价格也将没有稳定性可言。此外，若投机过盛，币价、地价过高，以至于普通用户无法入场、建设，元宇宙商业的正常经营难以收回前期投入，那么平台长期的健康发展也就无从谈起了。所以，以 The Sandbox 为代表的元宇宙地产平台都需要抑制过度投机，保证经济循环的正常流转。

2.3　Decentraland

Decentraland 由"伏尔泰之家"的成员 Ari Meilich 和 Esteban Ordano 等人在 2015 年发起，并于 2017 年正式向公众开放，在此期间，产品逐渐由一个二维的填色网格演化成了在网页端就可体验的沉浸式 3D 世界。在这个虚拟世界当中，用户可以购买土地、建设土地，并收获各种各样的元宇宙体验。目前，Decentraland 被大众广泛地视为元老级的元宇宙地产平台之一，其去中心化治理的程度也走在前列。截至 2022 年，Decentraland 在三轮融资中，共获得了 2550 万美元的资金，其自身也投入了数百万美金，用以在生态中孵化出多样体验。

2.3.1　Decentraland的起源

当你听到"石时代""铜时代""铁时代"的时候，很可能会先联想到赫西俄德有关黄金、青铜、白银、黑铁时代的论述，而不是 Decentraland 这样一个基于以太坊区块链的元宇宙地产平台。正如这些浪漫的版本名一样，Decentraland 的旅程也开启于一个充满哲学意味的组织——"伏尔泰之家"中。这是一个区块链爱好者聚集进行深度思考和讨论的地方。在这里，基于区块链网络搭建多人在线世界的疯狂想法，在轻松而极富深度的谈话中，自然酝酿了出来。如果说 The Sandbox 的开端是游戏从业者受到了 NFT 运用的启发，那么 Decentraland 的灵感时刻就是加密信徒遇上了沉浸式体验。2015 年，伏尔泰之家凑钱购买了一台虚拟现实（Virtual Reality，VR）游戏设备，在使用体验中 Decentraland 的创始人们立刻发现了其中蕴含的潜力。创始人 Ordano 认为这是一个觉醒时刻，他说道："当我首次接触沉浸式 VR 体验，那种感觉就像是我第一次遇上了区块链。我认为我们刚刚摸到了这巨大机会的冰山一角。"

区块链的早期支持者们看到了虚拟体验的广阔前景，并着手于 Decentrland 的建设。在 2015 年的"石时代"，Decentraland 仅仅是一块被划分成网格并涂上颜色的 2D 像素地图，而今天，它已经迈向了"硅时代"，人们能够自由地进入每个地块，搭建，游览，甚至经营商业。Decentraland 已经成了现阶段最成功的虚拟世界之一，它向我们展示了区块链和沉浸体验结合的无限可能。

2.3.2　Decentraland的创造系统

类似于前文介绍的 The Sandbox，Decentraland 也有自己的一套编辑工具。从一草一木、一副墨镜、一套动作，到摩天大楼、交互游戏，创作者都可以在其中建设构成这个世界的全部元素，并将这些元素布置到土地当中，或者是放入市场。同时，Decentraland 也支持外部模型的导入，用户也可以使用传统的 3D 开发软件进行创造。

然而，值得注意的是，Decentraland 的创造者需要掌握一定的代码和专业 3D 软件使用技能等，才可以在 Decentraland 的编辑器中进行生产。这为 UGC 带来了一些门槛，进而给世界中内容的丰富度、普通用户的参与度带来了阻碍。在未来，Decentraland 可能会着手于创作工具的改进，以免陷入"专业人士不爱用""普通用户不会用"的尴尬境地中。

2.3.3　Decentraland的交易系统

Decentraland 中主要有三种数字资产：MANA 代币、土地以及素材。同时，Decentraland 也有一个自己的市场，以供各类资产的交易。

MANA 是 Decentraland 发行的同质化代币，作为平台中的通用货币，其作用大致可以等同于 The Sandbox 中的 SAND。用户可以使用 MANA 来购买土地、各类资产、服务、参与治理等等。

而与 The Sandbox 类似的，Decentraland 中的土地也均以 NFT 的形式存在。每个 NFT 都写入了土地中包括坐标在内的所有属性信息以进行资产确权。整个虚拟世界中一共有 90 601 块土地，并被划

分为私人土地和公用土地（如道路、广场等），全景地图如图 2-5
所示。各大广场均由 Decentraland 基金会所有，体现了用户所有的
精神。用户可以在一级、二级市场中购入或售出土地，在上面开发
各类元宇宙商业地产以获取盈利，或将小地皮组合成更大的地块，
进行专业化的地产运营，Decentraland 内支持按揭贷款购买或者土
地出租等复杂的地产玩法。

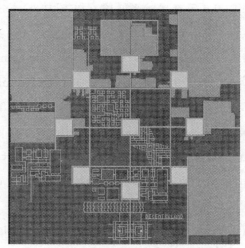

图 2-5　Decentraland 中虚拟土地的全景地图

2.3.4　Decentraland的体验系统

目前，用户可以通过浏览器直接访问 Decentraland，无需进行
额外下载就可以体验。在这个虚拟世界中，用户没有预设的"目
标"，可以自由地根据自己的喜好进行体验。目前来说，可体验的
内容包括与 B 端合作建设的各类建筑街区，在这些地区举办的活
动，以及用户自己制作的各类内容。

和 The Sandbox 类似，Decentraland 也获得了许多名人、品牌和公司等的青睐，这些合作项目的入驻在早期为世界填充了内容，并带来了一些人气。这些合作项目涵盖了各种类型的元宇宙地产项目：

- **时尚街区**：Everyrealm 在 Decentraland 中购买并建设了一个名叫 METAJUKU 的购物街区，占地 256 平方米，目前有包括 Genial Investimentos、Majid Al Futtaim、Dress-X 和 Tribute Brand 等数字时尚品牌，以及 JPMorgan 这样的金融机构入驻。Everyrealm 的 CEO，Janine Yorio，将这种商业模式别出心裁地命名为去中心化商业（de-commerce）。

- **虚拟音乐会**：2021 年 10 月 21 日，Decentraland 联合 80 多名艺术家开展了为期 4 天的虚拟音乐节，演出阵容包括 Deadmau5、RAC、3LAU 和 Paris Hilton 等。

- **元宇宙大使馆**：2021 年 11 月，巴巴托斯政府在 Decentraland 中开办了元宇宙大使馆，将元宇宙地产宣布为合法主权土地。

- **元宇宙拍卖行**：2021 年，苏富比在 Decentraland 中建造了自己位于伦敦新邦德街画廊的复刻，并在其中展开了 NFT 艺术品的展览和拍卖。苏富比的专家兼销售总监表示，他们视 Decentraland 这样的虚拟空间为数字艺术的下一个前沿。

- **元宇宙时装周**：2021 年 3 月，Decentraland 开展了一场为期 4 天的虚拟时装秀，众多数字艺术时尚和传统品牌参与。用户可以无门槛地参与，并通过加密货币购买这些 NFT 服饰。

但是，仅靠 B 端合作伙伴的支持，一个完整的虚拟经济很难实现繁荣，因此，更值得观察的是活跃在 Decentraland 上的 C 端用户们。从生态参与者的多样性、成熟度和复杂度中，也许可以窥见平台的潜力。

富野屋就是这样一个 C 端用户们建设的项目，是由一个叫作 Decentral Games 的游戏开发组织在 Decentraland 中建设的虚拟赌场。它有着和式风格的建筑以及未来派的装潢，玩家穿梭其中，悲伤蛙充当荷官，获胜时硬币叮当作响。富野屋是 Decentraland 中最受欢迎、流量最大的去处之一，据称，在其投入运营后的三个月，带来了约 100 万美元的 MANA 收益。

但富野屋不仅是一个"好去处"而已，有趣的是，它的开发和运维者是一个 DAO（分布式自治组织），而不是一个传统的公司或者工作室；同时，在 2021 年 3 月，富野屋宣布其招募了大约 20 名兼职的赌场员工和一名全职经理，负责日常的迎宾运营等事务。兼职员工每天工作 4 小时，在月末可以获得 500 美元的报酬——以 Dencentral Games 自己的代币或者稳定币（和美元进行 1∶1 锚定的虚拟货币）进行支付。富野屋向我们展现了加密时代下的项目、生态、工作岗位和薪水组合和运转的新方式，虽然这个用例不大，但也足够引人注目。然而，此类商业模式在未来也必然面对监管的挑战，这是当前还处于早期的行业必须注意的一点。

像这类在由 C 端用户组织建设经营元宇宙商业的项目还有很多，例如 DigiFun，一家专注于元宇宙数字娱乐的组织，它们曾为 Decentraland 以及其他的虚拟世界提供了优质的虚拟人服饰；Admix，致力于帮助品牌整合虚拟世界内的广告资源；Boson Protocol，正在推动实体商品的 NFT 销售……人们所期待的虚拟世界的未来并不只是一个简单的 3D 世界，而是一个复杂、繁荣的虚拟经济体系。

2.3.5　Decentraland的未来发展

Decentraland 曾一度引发地产投资的热潮。2021 年 10 月，Metaverse Group 花费 243 万美元在 Decentraland 中购入了一块土地，一度刷新了虚拟土地的成交价纪录，该公司对于 Decentraland 的未来发展判断也许值得参考。

"想象一下，当纽约只是一片农田时，你能够在 SoHo 区买一块地。但今天如果你想在纽约的 SoHo 区买块地，那是绝对不可能的，这些资产有价无市！而这一切将在元宇宙中复现……

现在，Decentraland 中的土地仅为爱荷华州农田价格的 5%，然而，我并不期待爱荷华州的人口数在未来指数级地增长……元宇宙会蚕食传统社交媒体的市场，而这些社交媒体如 Facebook 的估值高达上千亿美元，我认为 Decentraland 在随后几年也会达到相同的高度……随着其月活用户达到 6 亿。"——Michael Gord, Metaverse Group 联合创始人

Metaverse Group 在可能的范式转移上投下了重注，即：人们将会从现实宇宙逐步迁徙到元宇宙，习惯栖身于数字世界。人们会在聚集在虚拟空间中娱乐、社交，甚至工作、生活，倾注大量的注意力和时间。只有如此，承载了这些活动的虚拟土地，才被赋予了价值，并进而产生商业变现的潜力。

然而，对于特定土地的持有者而言，只是实现从现实到虚拟的迁移，还并不足够，这批"移民"们，还需选择"定居"在他们先前购入的土地之上。尽管基于区块链技术，各个平台以 NFT 的形式赋予了土地稀缺性，但平台之外，仍有广阔无垠的虚拟空间可供驻足，近乎无限的内容可供消费。最终能够赢得最多用户注意力

的，才是真正的"曼哈顿"。

　　Decentraland 这样的元宇宙地产平台虽然带来了新叙事，但在未来，其可能会回归 2C 互联网产品的基本属性，以内容吸引力、流量和用户价值等作为驱动因素和定价指导。毕竟，不同于现实世界，虚拟世界中的"旅行"成本实在太低。用户无需张罗着搬家，而是只需要点击右上角的叉。滚轮一转，指尖一划，可能就刷走了几个宇宙。

　　从 2C 互联网产品的角度来看，其实可以对标现实中的直播带货。伴随着网络、硬件基础设施的发展，以及人们对于沉浸感和即时交互的追求，直播带货从一个少有人相信的故事成为了主流。人人都能架起摄像头，在众多的平台中开启直播，而用户涌入这片"大陆"，最终汇聚在了"头部"直播间聊天、消费、娱乐。那么，这些顶流直播间中的"坑位"，是不是也是一块块虚拟 SoHo 区的"虚拟土地"呢？从这个角度来看，元宇宙地产的投资者们可能是提前锁定了一些直播间中的"坑位"，重金预定，并期待有一天人们会蜂拥而入，挤满这片目前还略显空荡的土地，使其成为真正意义上的元宇宙中心。

　　但是，要真正实现这样的美好愿景，Decentraland 这样的元宇宙地产平台们还有很长的路要走。在未来发展的过程中，加大投入培育创造者生态始终都是重要一环。2018 年，Decentraland 就投入了 500 万美元用以资助优秀内容和创造者，预期未来会以更大的力度和更多样的方式赋能生态。在这样的环境下，Decentraland 上出现了一批优秀的内容，它们同样也彰显着虚拟空间的潜力。如 2021 年启动的 Petverse，一个 Decentraland 中的宠物公园、商店以及俱乐部，就是很好的例子。爱好者们可以聚集在这里社交，并共同照顾宠物。在线上参与照看获得的积分可以为玩家现实生活中的宠物兑换各种福利。Petverse 颇有创意地将虚拟和现实两个维度进行结合，为后续的内容开发做了一次大胆的探索，该项目也在 2022 年 3 月通过提案获得了 Decentraland 的社区资助。除了对创造者元宇宙地产项目的扶持外，Decentraland 也在向 Polygon 进行迁移，以帮助用户获得更好的链上交互体验，进一步降低成本、提高效率。

此外，作为将"去中心化"（decentralized）写入自己名字的产品，Decentraland 在社区治理角度的探索和实践上也尤为激进。在 2020 年，Decentraland 就已经宣布将所有权和控制权完全移交给社区，而非由某个中心化公司 / 团队掌控。社区将以 DAO（分布式自治组织）的方式管理有关 Decentraland 的一切重要事宜，通过投票来通过提案，决定未来方向。然而，Decentraland 也需要面对去中心化带来的一系列挑战，如内容审查、执行效率、决策质量、战略规划等等。Decentraland 的尝试是颇具创新性的，但其最终的成果如何，以及对 Decentraland 上所有利益相关者有何影响，只能留给时间去回答。

2.4　Somnium Space

Somnium Space 由 Artur Sychov 创立于 2017 年，是一个基于区块链的开放虚拟世界，用户可以通过其原生代币 CUBE 购买土地和资产，获得游戏 / 活动等各种体验，并参与到这些体验的创造中。

该平台最大的特点即是其对 VR 的专注，用户从网页上即可获得极高的沉浸式体验；同时，Somnium Space 也在其中进行了包括虚拟世界声誉系统、永生计划等前沿概念的探索 [1]。

2.4.1　Somnium Space的起源

"VR，而非网页浏览器，是进入元宇宙的唯一途径……随着技术进步和硬件成本的降低，未来会有超过 10 亿人进入元宇宙，拥抱虚拟经济、创作者经济……"

伴随着生动的肢体语言，一个男人绘声绘色地描述着虚拟世界的未来，但他看上去可不是那类西装革履的商业人士，而是一副未来超级英雄的派头：从头到脚裹着黑色紧身衣，头盔和身体上闪烁着霓虹光带；他的脸一会儿变成蜥蜴，一会儿又隐藏在一个炫酷的面具之后。如果你参与了福布斯在 Somnium Space 中对创始人 Artur Sychov 的采访，你便能见到这幅奇景。通过这种采访方式，Artur Sychov 想证明，虚拟世界绝非空谈，而是近在眼前，触手可及。他和团队在 2017 年创造了这个世界去实现这一点，并于 2018 年正式向公众开放。

概略来看，Somnium Space 有着和其他虚拟世界类似的叙事，若将目光投向其官方介绍，不难发现许多熟悉概念的身影。

"我们正在为用户打造一个能让他们自由建设和创造的平台。Somnium Space 是一个开放、多人在线、永续的虚拟世界，借助区块链技术，任何人都能够在这里购买土地，创造或导入物品，使用虚拟化身，编程；同时，人人都能够将他们的造物 / 经历变现，并

---

① 参见《Somnium Space Economy Paper》。

完全沉浸在'另一种现实'之中。"

　　用户所有、自由创造、在虚拟经济的循环中交易资产、获取收益……在区块链思想和技术运用和的大背景下，Somnium Space 保有着虚拟世界一以贯之的"灵魂"。

　　而在具体路径上，正如 Sychov 所说，Somnium Space 专注于VR 体验的建设与分发，在这一点上，和其他平台有较大的区分度。用户可以通过绝大多数主流 VR 头显，在桌面端体验 Somnium Space，图 2-6 展示了一个用户体验 Somnium Space 舞会的图片。此外，Somnium Space 还拥有一块广袤的地图，其中包含山川、湖泊等各类地形，这也赋予了元宇宙地产中"山景房""湖景房"的特殊品类。同时，它还具有昼夜切换、天气变更等系统，以进一步提高沉浸感。

图 2-6　用户参与 Somnium Space 中舞会的场景

2.4.2　Somnium Space的创造系统

Somnium Space 拥有一个桌面端的编辑器，用户可以通过它来进行世界中各类素材的制作。同时，Somnium Space 也为进阶创作者开发了一个针对 Unity 系统的软件开发工具包（Software Development Kit，SDK），用户能够上传完整的虚拟化身、场景等到土地上使用。借助 SDK，用户可以将编程、动画等融入到创造中，进一步释放平台的潜力，提高体验。据创造者描述，在 Somnium Space 中的创造体验和《模拟人生》中的类似。

2.4.3　Somnium Space的交易系统

Somnium Space 的经济体系大略有三个组成部分，分别为 CUBE 的同质化代币、NFT 土地的非同质化通证以及一个交易平台。CUBE 是 Somnium Space 的世界内流通货币，各类服务（比如地图传送）的支付方式，用户间点对点交易的媒介；同时，用户也可以使用 CUBE 来为自己铸造一个 NFT 虚拟化身，该 NFT 同样也是可交易的资产。用 CUBE 在铸造虚拟化身是这种货币效用的延伸，在未来，若 Somnium Space 希望稳定币价、激活经济，也会不断尝试为 CUBE 寻找更多应用场景。

Somnium Space 中共有 5026 块土地，并有三挡大小（200、600、1500 平方米），用户可以在一级市场，主流交易平台以及 Somnium Space 自己的市场中购得土地。图 2-7 展示了 Somnium Space 中的土地全景。

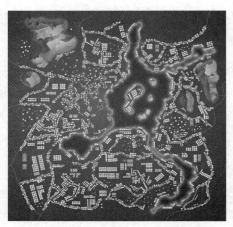

图 2-7　Somnium Space 中的土地全景

2.4.4　Somnium Space的体验系统

Sychov 因《网络创世纪》的游戏而深深迷上了虚拟世界这个概念。一方面，Somnium Space 作为其精神传承者，希望打造灵活可塑、自由多元，甚至无所不包的第二人生。用户可以体验各类沉浸式游戏；主播可以设立虚拟工作室；品牌可以开设门店、举办活动；游戏开发者可以部署试玩体验；艺术家可以搭建画廊；创造者可以通过建设并分发内容获得收益……通过创作工具、经济系统等元素的组合，虚拟世界总有无限的可能性留待发掘。

另一方面，Somnium Space 的愿景是提供"沉浸式体验"，这个概念并不只是包括 VR 的"视觉"，而是能够延伸到所有感官。团队野心勃勃，计划在未来接入触觉传感器，全身动作捕捉，表情和视线追踪等功能，而引入能够提供多种感官、气味的智能面罩也在酝酿之中。若有一款产品能够将人类的五感全部"数字化"，相信它能提供足以媲美《失控玩家》的顶级虚拟体验。那么这个故事离我们有多远呢？

其实早在元宇宙热潮之前，人们就一直做着关于感官的探索；许多致力于为虚拟化身带来触觉的公司已经获得融资；动捕、表情基等相关技术也在走向成熟，在中国，影眸科技就能借助亚洲最大的光场系统完成人脸的像素级还原，并通过程序进行驱动；在2015 年，兼具味觉和触觉的 FeelReal VR 面具就已横空出世；日本研究员也曾开发视食品模拟器，让用户产生咀嚼的感觉，并配上与之相符的声音（如煎培根的声音），这些案例表明，在虚拟世界中拥有五感并非异想天开，而是值得认真耕耘的领域。数年来，各路探索者们粉墨登场，一点点推动着行业的前沿。此类新技术的发展，从概念到应用将会有漫长而艰险的路程，但无论如何，它们所能打造的如《头号玩家》般的世界，依然值得期待。

此外，Somnium Space 在对外合作方面也取得了不少进展，传统品牌方面，索尼在世界中开设了一家 VR 商店；游戏方面，Blockchain Gaming Alliance 与之携手致力于各类虚拟体验的发展；交易方面，Polygon、Opensea、Holaplex 等合作方提供了从基础设施到末端消费交互的各类支持……通过合作，Somnium Space 在拓展玩家体验的同时不断丰富自己的生态。

此外，Somnium Space 还有两个有趣的功能 / 系统可以强化用户在元宇宙世界中的体验，分别是"永生"（Live forever）系统以及声望（Karma）系统。

1. 永生系统

一直以来，人们乐此不疲地尝试在虚拟世界中"复活"名人，如迈克尔·杰克逊，而现在，Somnium Space 声称能帮助逝者实现"赛博永生"。Somnium Space 将收集一个人多维度的数据，并借由 AI，在虚拟世界中生成这个人的"副本"，永远"活"在网络空间中，其亲人朋友能够通过 VR/AR 与逝者互动。Somnium Space 认为此项技术会帮助不幸失去亲人的家庭，使他们有机会和死去的亲人们再度重逢。

这听起来简直和《赛博朋克 2077》如出一辙，在这个世界中，荒坂公司推出了"守护你的灵魂"计划，可以将人的神经数据转化成数据，储存在 Relic 生物芯片上。《赛博朋克 2077》是极富想象力和未来视野的作品，而在 2022 年，Somnium Space 就在现实中提供了一样的叙事。在公司官网的产品组成介绍中，"Live Forever"以及其图标被涂上鲜红色，在一众蓝色字中格外显眼（图 2-8）。Somnium Space 能否将这个宏大的愿景——人类的终极理想变成现实？还是这只是销售 NFT、提高代币价格的又一个故事？答案只能由 Somnium Space 团队给出。

图 2-8　Somnium Space 上有关永生计划的描述

2. 声望系统

声望系统，又是 Somnium Space 的一次有趣尝试。在 Somnium Space 世界中，你的游戏时长、世界探索度 / 参与度、交易活跃度、资产持有情况、内容创作、其他玩家打分等多个维度构成了你的声望。事实上，这类声誉系统本身并非创举，在传统在线游戏中，此类系统也曾被应用，以净化游戏环境。但 Somnium Space 给出的方案提供了更多可能。团队声称，高声望的玩家可以获得 CUBE 代币奖励，再加之 Somnium Space 中的声望纳入了许多游戏参与的维度，因此，该系统不仅是为了规范游戏环境，更是一种潜在的拉动世界内活跃度的手段，通过组织活动，提供游戏内服务，玩家就能获得 CUBE 奖励，通过和声誉系统结合，CUBE 拓展了其效用，稳定性和流通性再度提升。

另一点值得关注的是，元宇宙地产平台并不仅仅是用于商业经营的元宇宙，在理想的图景中，人们将在这里"生活"。在这一前提下，声誉系统就变得愈发复杂和重要了。这或许听起来有些虚无缥缈，但当我们结合先前发生的"VR 性骚扰"之类的案例，以及国际刑警组织成立的警察元宇宙等布局，便可知建设一个完备声誉系统的关键意义。同时，区块链不可篡改，完全透明的特性也和声誉体系有着相当多的结合点，使得区块链技术有潜力突破交易的领域，找到更多应用场景。

2.4.5　Somnium Space的未来发展

虽然多重叙事加身，但体验本身，终究还是虚拟世界用户价值的基础。而在 Somnium Space 所注重的 VR 领域，最大的痛点就是内容数量和吸引力不足，以及硬件技术仍有待突破。目前，Somnium Space 在这些方面均有布局，如和 High Fidelity & JanusVR 建立合作，共同建立 VR 开放世界的链接和互操作性；在硬件方面，Somnium Space 还领投了虚拟现实设备公司 Lynx 的 400 万美元融资。

然而，从 2012 年 Oculus Rift 惊艳登场，VR 的风已经吹了近 10 年。当下，Meta 收购 Oculus，字节跳动溢价数倍拿下 Pico，这些大厂的重注，涌入的资本和人才，似乎仍然未能让 VR 迎来"Iphone Moment"，成为主流的电子消费品。与此同时，VR 内容生态的建设也举步维艰。在这种情况下，Somnium Space 的未来发展还有待更多的观察。

2.5　Voxels

Voxels 是由 Ben Nolan 在 2018 年成立的，这是一个区块链之上的极简虚拟空间，最初取名叫 Cryptovoxels，直到 2022 年 5 月 4 日才正式改名为 Voxels。用户可以使用主流加密货币购买其中的地块，并使用各类方块进行搭建；专业创作者也可导入外部模型，或进行编程等以创造更丰富的体验。创始人依靠多批次的土地销售而非机构完成了募资，并推动平台不断向前发展。

2.5.1　Voxels的起源

一片广阔的世界，并不一定需要有一个宏大的开始。相反，Ben Nolan 在他的面包车中利用业余时间开发了 Voxels 的最初版本，而且直到两年后才雇佣第一个员工。在此期间，Nolan 还婉拒了多次融资请求，而是选择以一定的节奏卖出 Voxels 上的 NFT 土地，并以此获得了充足的资金。Voxels 的起源本身也是加密行业和虚拟世界迷人叙事的一部分：一个人无需依赖机构投资者，而是依靠区块链实现去中心化募资，在现实世界的小小一隅另创一片天地。

Voxels 于 2018 年 4 月成立，并在同年 7 月正式向公众开放了土地销售，成为了最受欢迎的元宇宙地产平台之一。在 Voxels 中，用户可以拥有虚拟化身、购买虚拟土地、自由搭建、社交和玩游戏。和 Decentraland 类似，用户在网页端即可访问 Voxels，同时，Voxels 也和 Somnium Space 一样支持使用主流 VR 设备接入。

2.5.2　Voxels的创造系统

在 Voxels 中的搭建很类似《我的世界》，用户可以在他们的土地上像搭建乐高一样自由摆放各种方块，这使得上手搭建变得非常容易。除了用方块作为素材外，Voxels 也支持让创作者从外部导入相对更加精细的模型。此外，多媒体材料，如图片、视频、动图、音频等，也是搭建过程中的重要素材。通过加入多媒体材料，用户可以轻松打造一个 NFT 画廊，或者是个人展示空间等简易的地产项目。另外，Voxels 目前也支持一定的编程功能，因此创作者也可以在世界中开发小游戏等体验。

2.5.3　Voxels的交易系统

与前面介绍过的 3 个元宇宙地产平台不同的是，Voxels 是唯一一个没有发行自己的加密代币的元宇宙地产平台。因此，对于平台中主要流转的土地资产 VPA（Voxels Parcel），用户可在 Voxels 的例行拍卖以及主流 NFT 资产交易平台中直接用以太币购得土地。

灰白的方块拼成一片片空地，平平无奇，但这些土地背后的交易却是热火朝天。各大元宇宙地产平台的地价都曾迎来惊人的振荡，仅在 Voxels 中，就不乏获得百倍收益的投资者，而其中更以 2302 号土地的交易最为突出。持有者在 2018 年以 0.11 个以太币的价格购入，在 2021 年 8 月以 10 个以太币的价格售出，翻了接近 90 倍。考虑到以太币的价格在此期间也增长了十数倍，这一次换手就为该持有者带来了过千倍的收益（以美元记）。然而，尽管在这股热潮中获得了过千万美元的收入，Voxels 的创始人 Ben Nolan 却坚持反对元宇宙地产的投机行为："*Voxels 不是纯粹用来赚钱的，而是建设元宇宙，并捕获其价值的一种方式。它绝非一种投机工具。*"

为此，Nolan 也曾尝试增加 Voxels 的土地供应，使更多人能够负担得起，从而投身到这个仍在发展的世界中来。创始人的努力对于抑制土地投机有着重要的意义，目前所有的虚拟土地平台需要的是建设者和活跃的"居民"，而非纯粹的投机客。从"声量"到"实践"，从"价格"到"价值"，这一点的转变能否完成，对元宇宙地产平台未来的发展至关重要。

2.5.4　Voxels的体验系统

在 Voxels，用户能够展开一场新奇的探索之旅。借助飞行功能，人们能够"撞见"相当多风格各异的建筑，世界树、大教堂、夜店、外星人、加密猫、魔法世界、熊猫乐园、剧场，无所不包，当然，除了随意逛逛，用户也可以借助官方提供的土地列表等选取感兴趣的目的地。

　　Voxels 中数量最大的还是各类 NFT 画廊，这也映射出了 Voxels 发展时期加密艺术的火热。除了画廊，用户还可以参与各种元宇宙的活动，比如到 Sugar Club 中来场野性的数字人舞蹈。经过数年的发展，Voxels 引入了 NFT 服装系统以及小游戏开发等功能，进一步丰富了用户的体验，同时也创造了更多盈利的方式。用户可以在各种盛大的虚拟购物中心中逛街，例如图 2-9 由元宇宙建筑家 Alotta Money 打造的元宇宙地产就是一个典型的例子。

图 2-9　元宇宙建筑家 Alotta Money 在 Voxels 中打造的元宇宙地产

　　此外，Voxels 中也散布着不少品牌内容，甚至还包括了许多航天机构。当新人点击链接，进入世界，就可以直接面对着 Space X 在 Voxels 中的元宇宙总部（图 2-10）：方形的建筑旁矗立着一个巨大的火箭，在其顶部有一个小飞船环绕飞行，在很远之外都能望见。除了 Space X 外，NASA 也加入了 Voxels，玩家可以在他们土地的大屏幕上观看发射的直播，类似这些体验，都留待玩家去发现。

图 2-10　NASA 在 Voxels 中的发射场地

2.5.5　Voxels的未来发展

The Sandbox 一节中已经提及了元宇宙地产平台面对的一大挑战——Web3.0 用户基数太小。因此，Voxels 选择在 2022 年 5 月将原来的名字 Cryptovoxels 进行变更，希望将影响力拓展到更广阔的用户群体中，为世界带来更多体验者。不止 Voxels，可以说所有的元宇宙地产平台都有着同样的努力方向，尝试"破圈"，求得发展。

2.6 其他元宇宙地产平台

2.6.1 Worldwide Webb

Worldwide Webb 是由天才黑客、艺术家 Thomas Webb 创建的元宇宙平台，该平台的完整版本在 2021 年 11 月被正式发布。它将大型多人在线角色扮演游戏（MMORPG）的精华与元宇宙的虚拟世界融为一体，设置了一个持久的在线世界，即使单个用户未登录，游戏世界也会继续存在和发展。在 Worldwide Webb 中，用户可以探索世界，结识其他玩家，并一起接受任务，用户之间也可以相互交易商品和服务。Worldwide Webb 的最终愿景是打造一款完全具有互操作性的元宇宙，为玩家、创造者和收集者提供一个繁荣的"Play-to-Earn & Create-to-Earn"的经济系统。

虚拟土地是 Worldwide Webb 中的主要活动空间，由土地 NFT 持有人拥有和控制。这些空间可以用来容纳社交活动、NFT、宠物、头像等。不过，有趣的是，很多土地本身都是以商业地产形式存在的，是游戏世界的商业组成部分，可以在一定程度上由各自的 NFT 所有者控制。具体功能包括：

- 在你地产上创建自定义的 NPC 和任务。
- 显示 NFT、虚拟形象、数字宠物、奖杯等。
- 主持社交活动。
- 空间装修及其他关键性的设置决策。
- 在空间中铸造 NFT。
- 集成智能合约。

在 Worldwide Webb 中土地类型主要包括公寓、商业地产和广告空间。

1. 公寓

公寓（Apartments）是 Worldwide Webb 内部可铸造土地的主要单位。在公寓内，可以展示 NFT、游戏道具和邀请朋友来玩，也可以运用"公寓编辑器"进行高级定制。与现实中的公寓类似，Worldwide Webb 内也存在区划（relaxation zone）概念，这些区划多与区块链的概念相关联，例如以太河（Eth River）、通证谷（Token Valley）等，每个公寓都会处在某个具体的区域中。

代表公寓的 NFT 在 2021 年 11 月 29 日被首次铸造。一开始有 9490 个创世地块（Genesis Plot），其中 421 个分配给团队、CryptoWeeb 和 CryptoGFs 的持有者。剩下土地包括 4 种类型，如图 2-11 所示：

（1）小公寓——供应量 5000 套，价格 0.069ETH。

（2）中型公寓——供应量 3000 套，价格 0.12ETH。

（3）大型公寓——供应量 1000 套，价格 0.24ETH。

（4）顶层公寓——供应量 69 套，价格 1ETH。

图 2-11　Worldwide Webb 中公寓 NFT 首次铸造时的发行规则

2. 商业地产

商业地产（Businesses）是 Worldwide Webb 中可以用于商业经营的地产土地，典型的商业地产包括夜总会、俱乐部、酒吧和商店等。Worldwide Webb 将在未来允许一般用户持有这些地产，这些持有者可以通过经营这些地产类型来获取收益。在这些商业地产中，Worldwide Webb 设置了一些与现实商业贴近的有趣功能，例如，在夜总会中会设置一套现场 DJ 系统，也可以在俱乐部中出售会员资格和活动入场券。

3. 广告空间

在 Worldwide Webb 中，还存在广告空间（Advertising Space）这种地产类型。广告空间分布在元宇宙内的各个地方，持有者可以在空间中通过内置的编辑器上传任何图片或文字来进行宣传，包括但不限于商品、服务、品牌等。不过，为了维护元宇宙内生态的健康度，所有上传的内容将会被审核，不适宜出现的内容将被删除。

2.6.2　NFT Worlds

NFT Worlds 发布于 2021 年 10 月，是一个完全去中心化、完全可定制、社区驱动的元宇宙平台（图 2-12）。NFT Worlds 主要使用了 Minecraft 的内核及其庞大的开源生态系统，任何拥有 Minecraft: Java 版的人都可以立即访问它。它由 10 000 个独特的世界组成，每个 NFT 世界都是一个完全独特的 3D 像素世界。这些世界中的视觉外观和各类体验都与区块链相连，链上数据和资源信息将与其他的 NFT 世界及代币分配相联系。拥有一个 NFT World，就拥有了该世界在 NFT World 生态系统中的各种权利以及在该世界中建造和所有东西的能力。

图 2-12　NFT Worlds 官网图

每个 NFT 世界就相当于 NFT World 中的土地。每个世界涵盖不同的稀有资源，而这些不同的稀有资源会影响世界的收藏价值和开发潜力。此外，土地的价格也会根据"土地的大小""大海的大小""资源的丰富程度""所拥有的生物生态"等因素而变化，而建造建筑物可能也意味着削减资源、生物生态，这也让元宇宙地产的开发中引入了环保的思想内核。在 NFT World 中，每个世界的构成都是独一无二的，由三个主要特征的不同组合创建：

- **世界地理：** 包括陆地总面积、海拔、年降雨量以及陆地与水覆盖的面积。它还包括世界中包含的 46 种可能的环境，从深海这样的常见环境到荒地这样的稀有环境。
- **资源：** 每个世界都有自己的 Minecraft 资源分配，包括不同百分比的木材、石油、宝石和其他物品。

- **独特性：** 有些世界有野马，有些世界有毒沼泽，还有一些世界有天堂之光或地下墓穴。每个世界都提供了多种独特的可能性供玩家探索。

WRLD 代币是 NFT Worlds 生态系统中的主要交换媒介。在许多世界中，用户有必要向世界主人提供 WRLD 代币，以获得世界主人在其世界中创建的内容、福利、比赛等。此外，WRLD 还可以用来购买可选的、定制像"超级马里奥""街头霸王"等虚拟形象的 NFT。而对于用户来说，想要赚取 WRLD 代币，可以选择通过买卖 NFT、参与比赛游戏、领取空投、质押与出租等方式。

这一系列灵活的建造机制和经济体系为 NFT World 带来了较快的增长，这也一定程度上归功于基于 Minecraft 的高自由度和成熟的开放生态。不过，这种优势既是助力，也是阻力。2022 年 7 月 20 日，Minecraft 开发商 Mojang Studios 宣布禁止 Minecraft 客户端和服务器应用程序集成区块链技术，也不得用于创建与任何游戏内容相关的 NFT，包括世界、皮肤、角色物品等，这也意味着 NFT Worlds 被剥夺了未来发展的通道。作为对此的回应，NFT Worlds 宣布将不再建立在 Minecraft 之上，而是正在开发自己的虚拟世界平台。NFT Worlds 声称这款新作将是完全免费的，并且不会有内购系统，仍会让所有玩家通过游戏内区块链机制和代币奖励来获取物品，此后将不再受 Minecraft 的政策执行的束缚。在新游戏开发完成前，NFT Worlds 的启动器和游戏页面将继续保持开放。

2.6.3　Axie Infinity

Axie Infinity 由越南一家名为 Sky Mavis 的工作室开发，是一

款集对战、卡牌、售卖和土地租赁等内容为一体的区块链游戏
（图 2-13）。熟悉宝可梦收集对战的玩家们可能会对这款游戏感到
非常的亲切，这也正是 Axie Infinity 的灵感之一。进入正式游戏之
前，玩家需要先用虚拟货币购买三只名为"Axie"的 NFT 宠物，
并利用它们进行繁殖，获得新的宠物。

图 2-13　Axie Infinity 官方宣传图

　　SLP 和 AXS 是平台内主要使用的两种代币，"对战"和"繁
殖"则是主要的经济活动。对战胜利可以获得 SLP，而 Axie 宠物
的繁殖需要消耗 SLP。AXS 则需要通过充值或是卖出 Axie 获取，
它扮演着"治理代币"的角色，在"去中心化"的游戏愿景中，持
有 AXS 的玩家将能够参与游戏的决策，以投票的方式引导游戏的
更新方向，维护社群的利益。根据新玩家入场的速度，开发商也在
不断调整对战后获得的 SLP 数量等参数设定来保证货币供需关系
的平衡，并通过"虚拟土地"机制稳定经济系统[1]。

　　整个"虚拟土地"的机制围绕着 Axie 宠物的家园和行动基地
Lunacia 建立，它是一个 301×301 的正方形网格世界，每个网格代
表一块被称为 Terra 的 NFT 土地。随着时间的推移，可以使用在玩

[1]　《WEB3.0：赋能数字经济新时代》

游戏时可以找到的各种资源和制作材料来升级地块。此外，土地所有者可能会在他们的地块上找到 AXS 代币，或者使用占据地块的 Axies 来探索地图上的资源节点。游戏中，被称为 Chimera 的怪物会突然出现并袭击 Lunacia。玩家将能够单独或分组在实时战斗中与 Chimera 作战，被打败的 Chimera 会掉落 SLP 和其他类型的资源、物品和蓝图，可用于升级 Axie 和地块，从而提高 SLP 的收益能力。创世地块位于 Lunacia 世界中心的战略位置，那里有罕见等级的 Chimera，战胜它们就能掉落特殊物品。在 90 601 个地块中，只有 220 个创世地块，其余的地块类型包括草地、森林、北极等。这些 Terra 土地也融合了地产经济的原则，例如地理位置定价和出租或开发地块的能力。这些土地还会时不时地在地块上冒出一些资产装备。如今，游戏玩家正在 Axie Infinity 元宇宙中积极勘探土地。

2.6.4　Otherside

著名 NFT"无聊猿"系列的母公司 Yugalabs 和 Animoca Brands 合作，推出了元宇宙地产平台 Otherside，希望延伸旗下 NFT 品牌的叙事，拓展体验，打造一个全新的虚拟世界（图 2-14）。无聊猿的联合创始人 Gordon Goner 表示，"我们将创造一个上千人同时互动的城市，就像侠盗猎车手那样"。

Otherside 共有两万个地块，其中一万个已经于 2022 年 4 月释放完毕，"无聊猿"和"变异猿"的持有者都能收到一份相关空投，占总量的 30%，项目开发者获得了其中的 15%，而剩余的地块则面向市场公开出售，地块的主要交易媒介由 ApeCoin 代币来承担。

此外，Otherside 为 2D 的 NFT 开拓了新的应用场景，也拓展了其效用，对于"无聊猿"和"变异猿"NFT 的持有者，除了能够收到土地空投外，还可以直接以 3D 化的 NFT 形象加入世界，展开游玩和探索；CryptoPunk 的持有者也能在 Otherside 中直接获得专属虚拟形象，实现 2D 到 3D 的升维。在技术方面，Otherside 的开发公司 Improtable 声称其将借助自身特有技术实现万人同屏在线互动，并通过解决带宽和渲染方面的问题，优化游戏的视觉 / 交互体验。2022 年 7 月，4500 名土地持有者已经在 Otherside 中展开了初次体验，其热烈的反馈，加之该项目强大的背景、充沛的流量，也让市场更加期待 Otherside 的未来。

图 2-14　Otherside 官方宣传图

2.6.5　希壤和瑶台

在海外元宇宙地产蓬勃发展的同时，国内许多互联网大厂也希望能够加入战局，百度希壤和网易瑶台两个平台就是典型案例。

　　希壤是百度于 2021 年 3 月推出的开放元宇宙平台，有趣的是，百度将这个版本定义为 -0.7，意味着百度计划用 7 年时间，将希壤打造成一款真正的元宇宙级应用，时间跨度之长也显示出元宇宙赛道的坡长雪厚，以及百度深耕元宇宙领域的决心。用户可以在希壤中进行社交、参与活动、购物、娱乐，展开虚拟世界的第二人生。

　　发展至今，希壤世界也逐步得到丰富，有大量的品牌入驻，开设了属于自己的展示空间，少林寺、三星堆等知名古建也在虚拟世界中展现了全新风貌，也有现实世界的数字孪生。在叙事层面上讲，潜力相当巨大。同时，希壤已经在艺术、教育、科技、消费等等领域承办了几十场虚拟活动，这在很多行业还属首次。然而，不得不承认的是，希壤推出后，在用户体验方面存在一些争议，但百度方面却以开放的心态面对，并总结出了元宇宙发展的三座大山：视觉、听觉和交互。在当前的技术条件下，实现对三者的突破困难重重，需要网络、硬件、引擎等各方面的协同发展，但只有翻过了这三座大山，想象中的元宇宙才会真正到来。与此同时，AI 的运用对于虚拟世界的建设也有着重要意义，从 AI 辅助渲染等以提升图形质量，到 AIGC、AI 驱动虚拟人等，该项技术的突破深刻影响着元宇宙世界。

　　除百度希壤外，还有一位玩家是网易瑶台。2020 年，第二届分布式人工智能国际会议在网易的武侠端游《逆水寒》中举办，这场在古风虚拟世界中开展的盛会，就是网易瑶台的前身。随后，瑶台团队借助虚拟人 / 场景 / 互动功能模块，结合云渲染、AI 等技术，为用户送上了超 200 场的沉浸式虚拟活动，甚至网易自身的投资人大会也在其中举办。

　　瑶台使用的云游戏技术，使得渲染能够在云端完成，因此用户无需依赖设备的性能，或者提前下载安装包，只需通过浏览器就可访问高画质的元宇宙世界。与此同时，对目前火热的 NFT、数藏等，网易瑶台也有着良好的兼容性，为其未来的活动举办带来了更多想象力。瑶台在 2022 年 10 月与《魔兽世界》联合举办的一场线上艺术展，前所未有的沉浸式体验，再度帮助收获了许多关注，期待其产品能够更进一步，拓宽应用场景的同时，不断挖掘虚拟空间／世界的潜力。

　　与前面介绍的元宇宙地产平台相比，国内元宇宙平台目前没有引入虚拟代币等交易媒介的打算，暂时也未广泛对用户开放创作功能，更多的是面向 B 端合作。长期而言，由于市场和政策环境的不同，国内外的元宇宙地产平台，虽共怀虚拟世界之梦，但可能会走出各自不同的发展路径。

2.7　思考：元宇宙地产平台的未来

　　各大元宇宙地产平台接连登场，一时之间热闹非凡。但这些平台出现的意义并不止于一场狂欢。它们让区块链的叙事得以落地，让人们见证了所有权变革的可能性，以及数字经济的潜力。它们甚至在哲学层面，将人类对于虚拟世界、元宇宙的想象向前推进，使得这些美好的愿景不再遥不可及。飞涨的地价、大牌的合作，让元宇宙地产平台们带着新的故事闯入大众的视野。也许离这些平台真正实现其宏伟蓝图还有很远的距离，但它们让人们逐步建立起了关于元宇宙地产的认知，在这个曾经空白的领域种下了共建、共治、共享全新世界的种子，静待其生根发芽。

而对于 B 端来说，元宇宙地产平台的出现也带来了重塑商业模式的可能。元宇宙并非是商业链路中孤立的一点，而是能够囊括售前、售中、售后全流程；覆盖人、货、场全要素，并且在每个环节上都有突破性创新可能的。其终局也许将是和现实世界平行的全新商业范式。

但在行业的拓荒时代，我们也不能停留在令人咋舌的新闻，或是不断重复的宏大叙事中，而是需要心怀全局的同时，洞见本质。The Sandbox 的发展并非想象中那样顺滑，在传统游戏市场面对着 Minecraft、Roblox 等的冲击，最终在 2018 年被 Animoca 收购时作价不到 500 万美元，但区块链让其估值在没有全面开放的情况下一飞冲天；Decentraland 虽然 B 端合作不断，但也多次面临外界关于日活跃用户（DAU）低以及程序漏洞（BUG）多的质疑，例如其与三星的合作在新闻上看来振奋人心，但由于技术原因，体验并没有达到理想效果；而在 2022 年 8 月，研究者发现 Voxels 中的大量土地抛荒，比例逼近 1/3 到 1/2。在各平台一段时间的繁荣背后隐藏着用户较少、活跃度偏低、内容吸引力有待提升、投机过盛等种种挑战。归根结底，除了区块链带来的变革外，内容和用户依然是元宇宙地产平台的基石。

同时，传统平台虽已打响了声量，但新的挑战者也紧追不舍，他们绕过前辈们蹚过的陷阱，迎头赶上。如 Createra，借助强悍的底层技术直接对位行业龙头；又如 Matterverse，借助云渲染和虚幻五引擎，希望打造 3A 级的元宇宙，在视觉体验上形成差异化。这些带着新打法和技术的挑战者们，是传统元宇宙地产平台必须要应对的挑战。

除了外部压力，回归本质，元宇宙地产平台的商业模式有一个简单的模型：土地，土地中的素材，土地上内容的制作与部署，都需要不少投入，而除直接出售／出租外，其产生回报的方式大略只有两种，即 2C 或 2B。

2C，最直接地来说，意味着用户需要为内容／更好的体验付费，那么，一块块土地上的各种内容，事实上需要面对和整个游戏市场、甚至内容市场的惨烈竞争，以吸引更多用户，拉动付费。这对元宇宙地产平台上的内容是一次考验，同时，考虑到地价高昂，制作这些内容的成本不菲，这份考验更显严峻。

而在 2B 侧，则可依靠广告，或者商品销售进行变现。然而，若平台本身缺乏吸引力，没有足够的活跃用户，那么广告将失去价值，转化／销售更加无从谈起，毕竟，谁会跑去"荒郊野岭"，就为了看广告呢？目前 B 端在元宇宙地产上的布局还属试水，相当于是"发个企业版的朋友圈"。为了使这些土地发挥真正的效用，乃至切实促进平台／生态的发展，B 端还需要进行持续的运维与内容产出，以不断吸引用户。而这一点是否能够实现，当前还属未知数。

那么，元宇宙地产平台路在何方？一言以蔽之，回归长期用户价值，引入、留存更多消费者／创作者。土地本身不创造价值，只有足够多的活跃"居民"，展开"生产""生活"，才能让土地价值得以彰显，价格得以坚实，经济循环得以流转。在这个方向上，也需用好区块链这一把双刃剑。

诚然，区块链的应用是元宇宙地产平台的立身之本、叙事之核，带来了巨大的想象空间，但同时，在现阶段也必然导致用户体验欠佳、受众偏小、监管不明确等挑战，这使得平台无法真正破圈，走向更广阔的世界。这一点值得所有元宇宙地产平台思考、应对，不然可能会"成也区块链，败也区块链"。但无论如何，在当下这个时代，"新"本身也许就足够"好"了，希望这些承载着希望和欲望的元宇宙地产平台们，终有一天能抵达那片赛博应许之地。

第 3 章
元宇宙地产与元宇宙商业

"影像不再能让人想象现实，因为它就是现实。影像也不再能让人幻想实在的东西，因为它就是其虚拟的实在。"

——Jean Baudrillard

在现实世界中，购物、文旅、娱乐都是人们生活中必要的一部分，因此在每块土地上都时时刻刻发生着各种各样的商业活动，这也是商业地产存在的根基。同样地，当元宇宙时代来临时，人们生活在一个和现实世界映射的虚拟世界中，这些需求却仍然真实地存在着，让元宇宙地产与元宇宙商业产生了实实在在的关联。本章将会对元宇宙地产的商业运营逻辑和元宇宙商业应用案例进行详细介绍。

3.1 元宇宙地产的商业运营

3.1.1 元宇宙地产的商业运营逻辑

正如腾讯新闻和复旦大学新闻传播系共同发布的《2021—2022 元宇宙报告——化身与制造：元宇宙坐标解析》中提及的，元宇宙在新时代的发展，关键在于从"化身"到"孪生"的演进。"化身"，指的是人们在元宇宙中拥有了身份，但却没有和元宇宙环境融合；而"孪生"，指人们能在元宇宙中拥有和现实生活一样的体验。要想"复制"现实世界，就需要先了解现实世界的运营模式，要了解元宇宙地产的商业运营逻辑，就可以先从传统地产说起。

由于物理空间对人类活动的局限性和土地的稀缺性，传统地产的商业化主要呈现了三个特点，首先就是辐射效应。社会的辐射效应指的是以中心力量发挥作用为根本，通过向外围和周边扩散影响，逐步实现整体的进步。这在传统商业地产中也非常常见，最有利的证据就体现在城市的核心区域的房价上。城市人口会向一个城市中最核心的地区聚拢，这个地区会吸引大量的商家、基础设施、产业服务等汇聚在此，从而连带着核心区域周围的房价也节节攀升。处于核心区域的商家，即使本身不具有吸引流量的能力，但那个位置所带来的流量也能让商业正常运营。其次，商家如果想要大面积地覆盖客户，并不能只依靠单一商业体，而是需要在目标市场建立多个触达点。例如，耐克在中国就有很多门店，并且为了触达不同的客户，实现差异化经营，耐克划分出了主打运动休闲的"Kicks Lounge 店"、主打运动生活的"Beacon 店"、折扣店"Outlets 店"等各类门店。最后，传统地产的商业应用是一个高耗能、高成本的经营过程。你可以设想，如果想要在城市中心开一家店，那么你可能需要支付的店面租金、员工工资、商业用途的水电费、原材料成本、运输成本、制作成本等会是一大笔支出。

元宇宙地产的商业运营有着和传统地产相似的地方，但也有非常不一样的地方。相同的是，地段位置依旧十分重要，正如前文提到的传统地产中的一句老话，"地段，地段，还是地段"，这在元宇宙地产中也同样适用。很多元宇宙地产都位于虚拟空间中人气高涨的地块区域，因此很容易吸引到流量和注意力，为商业带来价值。但不同的是，由于虚拟空间并不受物理的限制，人们可以在元宇宙中无限传送到任何位置，而不必经过特定路线才能到达目的地，相较于传统地产，辐射效应会一定程度上有所削弱。其次，构建在元宇宙地产上的建筑物具有更高的可扩展性，不仅建筑设计不受物理空间的限制，其内部的陈设也可实现更多的创意。最后，相较于传统地产，元宇宙地产上进行的商业活动能节省更多的成本。对于经营成本而言，商家不必再支付现实中的商用水电、运输等费用；对于制作成本而言，如果出售虚拟商品，其成本也可能会远小于实体商品。

综上，虚拟土地的商业运营有其特殊的逻辑，可以总结为以下两点。

1. 元宇宙地产的核心价值在于场景的高组合性

可以用上述耐克的例子来看，如果耐克想要针对不同的消费者群体推出不同的服务，那么它需要开设"Kicks Lounge 店""Beacon 店""Outlets 店"等各类门店，并且每一类门店都不能只开设一家，而需要在各个城市都进行布局，可能一个城市中会有很多家耐克 Kicks Lounge 店和很多家耐克 Beacon 店。如果耐克还想向大众介绍它的品牌历史和品牌理念，那么它可能还需要建设一个品牌博物馆；此外，如果耐克想要为其会员成立一个社区或俱乐部，那它可能需要在商圈之外专门买下一块额外的土地来进行建设。无论是品牌博物馆还是俱乐部，都无法大规模地在全球各地布局。但如果耐克将以上活动迁移至元宇宙中，那它只需在某个元宇宙地产平台中买下一块地，然后在上面建设一座拥有若干楼层的大楼，第一层可供所有人参观，传达品牌理念，第二、三、四层可以分别是"Kicks Lounge 店""Beacon 店""Outlets 店"等 NFT 产品的门店，再往上可以建设为品牌博物馆、社区等，甚至还可以建设各种体验游戏区，等等。可以说，一座大楼满足了耐克想要打造的所有场景，并且这个场景面向于全世界所有消费者，所有消费者都可以随时随地传送到相同的耐克大楼。由此可见，元宇宙地产可以实现公司宣传、产品销售、客户维护等多个场景的同时组合，这在传统地产中是不可能实现的。

2. 元宇宙地产更加注重商业运营能力

前文有提到过，由于元宇宙不受物理限制，可无限传送的特性，元宇宙地产中的辐射效应可能不会太过明显。而当商业活动无法依靠热门位置来吸引充分的流量时，就需要针对商业本身创造吸引力，这样才能带来巨大的变现机会。而实现这一点就需要较强的商业运营能力。

　　除此之外，赋予元宇宙地产底层资产属性的核心技术——区块链，具有去中心化的特点，这一特点在延伸到元宇宙商业之后，也对元宇宙地产的运营提出了较高的要求。元宇宙地产可能会被公司购买，服务于公司的利益；但也可能被个人或 DAO 购买，由社区进行管理，社区成员可以进行自由建设，提供不同于公司元宇宙地产的服务。相较于公司集中化的管理模式，社区分散化的管理模式需要与更高层次的运营能力相匹配，才能最大化元宇宙地产的商业价值。目前，元宇宙地产的运营方的经验集中于社区运营，由于传统地产中富有经验的个人和组织尚未大规模进入元宇宙地产领域，生态内在涉及地产的商业运营领域的人才还较为匮乏。

3.1.2　元宇宙地产的商业应用

　　元宇宙商业与元宇宙地产结合所带来核心的商业价值是更高的流量，所以相对于元宇宙医疗、元宇宙工业、元宇宙教育等更注重现实世界数字孪生化价值的产业来说，像零售、文旅、娱乐这样高度依赖用户流量的产业会与元宇宙地产结合得更加紧密。因此，本书会侧重介绍这三类元宇宙应用领域的项目。

1. 元宇宙地产与元宇宙零售

　　元宇宙零售是在传统零售的基础上，从"人""货""场"三个角度切入进行全方面的元宇宙战略布局。元宇宙零售想要实现的，就是和实体商业对应的一个"平行世界"，而元宇宙地产能帮助"场"的搭建和升级，并依托于"场"，实现数字商品的"货"与用户虚拟角色"人"的互动。在元宇宙地产上，商户既可以建设虚拟商店，也可以建设虚拟购物中心的门店来布局元宇宙零售渠道。

2. 元宇宙地产与元宇宙文旅

后疫情时代，许多文旅景点都出现了流量危机，文旅行业实体经济的数字化升级和商业模式创新亟待解决。而元宇宙地产的介入能帮助其打破时空限制，构建虚实结合的数字空间，无法到达线下景点的游客可以选择在元宇宙中前往景点游览，而到达现实景点的游客，也可以通过 VR/AR 等增强现实技术、移动电子设备等，在孪生的数字世界中也收获一份额外的体验。相比原有的"走马观花"式的旅游，这份体验会是更"沉浸式"的，这也是这个时代文旅业发展的核心。

3. 元宇宙地产与元宇宙娱乐

元宇宙娱乐业始于元宇宙游戏，游戏开发商打造出一个虚拟场景，并为用户留下了充分自由创作的空间去构建他们想象的世界。因为这种极高的自由度，现实生活中更多的娱乐方式迁移到元宇宙中，如租赁或购买虚拟土地举行虚拟音乐会，以及构建虚拟场景拍摄元界电影，等等。

4. 元宇宙地产与元宇宙其他商业应用

除了上述的三类应用行业，元宇宙地产还能在其他方面实现商业应用。例如，在元宇宙地产上可以投放虚拟广告牌，所有进入该平台的人都可以看到，实现宣传效果；在元宇宙中租用场地举办时装周、快闪店等短期活动；或是在元宇宙地产上也能销售元宇宙的办公楼宇，公司可以购买建设后为公司宣传或为员工提供"弱社交"机会……这些多种多样的元宇宙商业布局共同构成了元宇宙地产价值的重要组成部分，后续小节将一一展开进行详细的介绍。

3.2　元宇宙地产与元宇宙零售

全球趋势预测机构 WGSN Insights 的高级策略师 Cassandra Napoli 曾表示，"距离元宇宙实质性地改变我们的工作、娱乐、沟通和学习方式，可能还需要一段时间。不过，现在有许多零售商应该考虑建立入口"。随着加密货币和数字世界的不断发展和备受关注，消费格局正在不断变化，部分消费者已经迈入元宇宙商业。根据 WGSN 在 2021 年 12 月发布的关于 2022 及未来的关键消费趋势的预测中显示的，2022 年及未来值得关注的关键消费趋势包括了直接面向虚拟形象的商业模式（D2A），在这种模式之下，品牌可以直接针对虚拟化身设计和销售不存在于现实的物品，因而得以避开供应链的限制，开辟新的收入来源。在这种趋势下，传统的购物中心和零售商都需要开始布局元宇宙战略，而"人、货、场"就是很好的切入点，其中的"场"就和元宇宙地产息息相关。

元宇宙零售并不是突然发生的，而是顺应时代的需要而来的。由于新型冠状病毒感染的影响，线上零售得到大力发展，但购物买的并不仅仅是"商品"，"体验"也是购物的重要组成部分，而这恰恰是线上零售所匮乏的。然而，线下零售除了可能因新型冠状病毒感染受到阻碍外，渠道的覆盖面又十分有限。对此，元宇宙提出了一个解决方案，既能大范围辐射到消费者，也能为消费者带来身临其境的体验。

所谓元宇宙零售，就是虚拟商品或实体商品在零售中借助元宇宙元素，用虚实结合的沉浸式购物环境提高消费者的体验。也就是说，消费者的购物行为可能在任何时间、任何环节、任何地点、任何情景下被触发，并在"人""货""场"三个方面都有了革新。

- 在"人"的方面，虚拟数字人成为了销售导购员，每个人也都可以用自己的虚拟形象在线上实现"逛商场"的沉浸式体验。

- 在"货"的方面，许多商品实现了数字化，并以 NFT 为具体的表现形式，许多服饰类的商品，不但可以线下邮寄实体商品，还可以获得可以供虚拟形象穿戴的数字版本。

- 在"场"的方面，商店、购物商场等商业地产都分别迁移到了元宇宙的平台上，打造出一个与现实相对应的"平行世界"。

同现实中的商业零售一样，"人"和"货"需要场的承载，各类零售活动需要在现实商业地产上开展，以获得充足的用户流量，而虚拟世界中的零售活动也主要在元宇宙地产上进行。不仅如此，现实世界中的零售和元宇宙中的零售虚实结合、交相呼应可能会产生更好的零售效果。正如埃森哲技术愿景 2022 报告中提议的："零售商需要将实体足迹与其在线运营和虚拟现实商店结合起来，为实体和虚拟房地产付费。"目前结合元宇宙地产的常见元宇宙零售方式主要是元宇宙门店和元宇宙购物中心两种形式。

3.2.1　元宇宙门店

就像路边的商店是现实中人们购买零售产品的主要途径，元宇宙中也有类似的虚拟商店。很多品牌都有尝试虚拟商店，通过在虚拟土地平台上购买虚拟土地，品牌拥有虚拟土地的使用权和建设权，可以在其上搭建自己的虚拟商店。消费者只需要拥有一个平台的账号，就可以进入平台内各品牌的虚拟商店中感受品牌氛围并购买数字商品。

　　Gucci 是较早布局虚拟商店的品牌。Gucci 在 2022 年年初入驻了 The Sandbox，在购买了一块数额不详的虚拟土地后，开设了 Gucci Vault 元宇宙概念店，如图 3-1 所示。这个概念店的定位是一个新的实验性在线空间，消费者可以在 Vault 概念店中买到很多 Gucci 的历史经典款、限量款单品等，并在元宇宙中穿戴。除此之外，The Sandbox 在推特上发布的公告显示，"由 Gucci 设计师创造的精选元空间时尚物品将供玩家和创作者购买、拥有，并使用 The Sandbox 的免费 VoxEdit 和 Game Maker 创作工具，在他们自己的创作体验中使用"。换句话说，Gucci 不仅在 The Sandbox 买了块地，还将和 The Sandbox 共同合作创造独特的零售体验。

图 3-1　Gucci Vault 虚拟商店的单品零售展示

除了 Gucci 这样的奢侈品品牌之外，三星这样的电子消费品品牌也开设了自己的虚拟商店。三星在 Decentraland 中收购土地建设了一处虚拟商店（图 3-2），这个虚拟商店是位于曼哈顿华盛顿街 837 号的三星实体旗舰店的复制品，并且能提供现场表演、连通性剧院、沉浸式数字森林等元宇宙功能，增强其在虚拟世界中的用户互动。如果用户想要进入三星虚拟商店，就需要登录 Decentraland，然后其元宇宙化身将会被自动传送至三星“837x”虚拟商店外面，进入大厅后一个虚拟导游会带领用户参观商店。更有趣的是，每一个用户在商店内浏览时的路径选择会创造出不同的 NFT 生成艺术作品，前 20 000 名完成作品的用户还有机会获得 NFT 纪念徽章。此外，三星在生产的产品线上也做出了诸多配套性的动作，例如在 2022 年时就宣布最新的智能电视产品将集成 NFT 的相关功能，这让人们购买三星的实体产品之余，也能让用户自由欣赏他们的数字艺术产品。

图 3-2　三星虚拟商店效果图

除了产品零售外，元宇宙更是服务零售的好地方。香港知名电信运营商"3香港"就在 Voxels 平台上开设了虚拟门店。用户可以通过各种智能设备进入虚拟门店，化身为数字形象，浏览各种运营商产品和服务。同时，门店内还会有负责接待的虚拟专员 Meta Boy，他会协助用户进行产品、服务、活动资讯的查询。不仅如此，门店内还设置有 NFT 画廊，用户在等待业务办理的同时可以欣赏虚拟门店内的 NFT 装饰。除了电信业务，更多的服务业都有开设门店、将零售业务迁移到元宇宙的可能。2022 年 11 月，香港星展银行就宣布购入 The Sandbox 中 3×3 的虚拟土地建设以可持续发展为主题的"DBS BetterWorld"。星展香港董事总经理夏艾芬（Alfian Sharifuddin）提出了有关在元宇宙中建设虚拟分行的想法，他希望将银行的作业流程复制到虚拟世界，同时借助这种方式促进客户和员工交流与推广品牌。此外，他还提出了一些更有趣的想法，在元宇宙中的虚拟分行在办理贷款相关业务的时候，后续也许可以考虑用虚拟不动产作为抵押品。

3.2.2　元宇宙购物中心

在日常生活中，消费者并不是经常明确地知道自己想要买什么，而是在"逛街"的休闲体验中临时发掘自己的购买兴趣，这也是购物中心出现的用户根基。作为众多品牌商店的集合，购物中心在现代商业中发挥了重要作用，几乎在所有城市都可以看到或多或少、或大或小的购物中心。那同样地，在未来的元宇宙生活中，虚拟购物中心同样必不可少。

同现实中万达等商业地产开发商投资建设大型购物中心一样，

虚拟世界中也有数字地产开发团队来建设虚拟购物中心。Republic Realm 就是 Republic 旗下由传统房地产团队成立的一个基金，专注于收购、管理、开发和销售现有的虚拟土地，以及投资于拥有潜力的元宇宙地产项目。Republic Realm 认为，在虚拟现实和区块链等新兴技术的交汇处，开发商、投资者和业余爱好者都在创造一个充满活力的数字房地产市场。2021 年 6 月，Republic Realm 宣布以折合价值约 91.3 万美元的价格用 MANA 购入 Decentraland 上的 259 块土地。根据 NFT 数据聚合商 NonFungible 提供的数据，以交易时的美元计算，这笔交易创造了 Decentraland 上的最高交易纪录，而对这一无形财产的估值与纽约布鲁克林区的现实世界房屋的平均价格相当。

Republic Realm 收购的 Decentraland 的虚拟土地是用于建设 Metajuku 项目——一条以东京原宿为灵感的元宇宙购物街（图 3-3）。该项目由零售租户发起，包括 Tribute Brand 和 DressX 等数字时尚品牌。Metajuku 项目位于 Decentraland 的坐标（94，21），占地面积为 16 000 平方英尺（256 平方米），购物街中心是一个方便行人的开放空间，两旁排列着零售店，Dress-X 和 Tribute Brand 等品牌的商店就在其中，消费者可以进入商店中浏览并点击商品，从而跳转到该品牌的电商商店中。

除了发挥其消费购物的功能性，Metajuku 的建筑风格也极具代表性。该项目的建筑原型来自于东京的原宿，承载了原宿的时尚理念和态度，Metajuku 对于各种时尚都极具包容性，有潜力成为下一个时尚之都。并且，由于处于虚拟世界中，项目设计并不受现实中物理条件的限制，设计师可以天马行空地想象，并将其在元宇宙地产上实现。例如，Dress-X 商店中的数字服装被显示为飘浮在空中的零重力球。因此可以说，除了衣服本身是一种时尚外，购物中心的设计或新奇的购物体验也是一种时尚。你可以想象，有一天人们可以不用再经历漫长的旅程到时尚之都巴黎、世界时尚与设计之都米兰去，而仅仅在家中，通过新技术终端，就可以亲身感受最前沿的时尚。

图 3-3　Decentraland 上的 Metajuku 购物中心

除了由专业的元宇宙地产开发商建立的购物中心，用户自己也可以建设简易的购物中心。Voxels 上的 West End NFT Shopping Center 就是一个典型案例（图 3-4）。在这个用户自己建设的购物中心中，有着销售 NFT 汉堡的虚拟餐厅、可以购买数字宠物的虚拟宠物店、能够给虚拟形象试穿的虚拟服饰店、售卖用于登录 Urbit 操作系统 Urbit ID 等数字产品的专卖店等。虽然区域相比专业的元宇宙地产开发商可能略显简陋，但用户同样可以在购物中心中收获别样的购物体验。

图 3-4　Voxels 上的 West End NFT Shopping Center 效果图

3.3　元宇宙地产与元宇宙文旅

　　旅游向来是人们生活中的调味剂，并且随着科技的大力发展，"数字文旅"成为文旅业发展的新趋势，互联网、数字化等技术手段可以推动旅游业态多元化升级。同时，新型冠状病毒感染也进一步刺激了文旅业的数字化转型。受制于新型冠状病毒感染影响，人们对于外出旅游、呼吸新鲜空气的需求迫在眉睫，但是却不满足于仅仅是线上游览，而希望拥有更真实和更丰富的体验，元宇宙强调的"临场感""沉浸式体验"，正好契合了数字化时代下旅游行业所追求的新模式，"元宇宙文旅"也应运而生。依托于元宇宙地产，元宇宙文旅企业可以在元宇宙地产上建造和现实景点对应的虚拟景点，带给游客足不出户的沉浸式游览体验；也可以自由发挥创造，设计出不受物理限制的展馆、酒店等虚拟场所。

因此，于游客而言，元宇宙文旅突破了时间和空间的限制，在元宇宙地产上构建的"第二空间"中，让游客不必考虑场地、交通的影响，足不出户便实现瞬间"位移"周游世界，同时一键可以实现时光扭转，穿越古今体验各朝各代的文化。于文旅景区而言，线上、线下景区的融合、不局限于时空的创作丰富了景区的文化体验。

那元宇宙文旅究竟在什么地方产生了变化呢？食、住、行、游、购、娱是旅游活动的六大要素，我们可以从这六个方面来看：

- **食：**元宇宙文旅能展现地方性的饮食特色，虽然目前无法线上品尝，但了解饮食文化本就是文旅体验中重要的组成部分。

- **住：**在虚拟土地上搭建的元宇宙酒店，虽然不能切实地提供真实的入住服务，但是能与线下酒店业相辅相成，并且通过营造多场景的虚拟空间来提供更多的社交体验。

- **行：**元宇宙不受空间限制的特点为旅游出行带来最大的便捷，在虚拟土地上实现的瞬间移动，可以使游客随心所欲地选择想要游览的地点。

- **游：**元宇宙文旅提供了更沉浸式和更多样化的体验。在现实土地上的自然景观和人文建筑可以被复刻到虚拟土地上，甚至还能设计出现实中并不存在的景点，游客的虚拟化身只要进入元宇宙平台，就可以真实般地游览景点。

- **购：**在虚拟景点的游玩中，游客可以购买各种新奇的NFT纪念品。

- **娱：**元宇宙场所内往往会有许多丰富的趣味互动游戏，让游客们尽享欢愉时刻。

上面的每一个要素都植根于虚拟土地之上。游客在虚拟土地上修建的元宇宙景点和元宇宙展馆中参观游玩，并在元宇宙酒店中体验饮食与居住文化，可以感受到和现实世界一样真实，却又超脱于现实世界的文旅体验。可以说，虚拟土地扩展了文旅目的地的边界，将用户带向更广阔的虚拟世界，促进了文旅产业新格局的形成。

3.3.1 元宇宙景点

对于文旅业来说，各种知名景点其实是非常重要的商业场景，当新型冠状病毒感染阻碍了许多人旅游步伐的时候，一些机构就在考虑将现实世界中的知名景点搬到元宇宙中了。

"迷你澳门"就是一个以 The Sandbox 平台为基础开发的景点复刻项目（图 3-5），该项目由亚洲先锋娱乐有限公司推出，通过在虚拟场景中展示出澳门知名旅游景点的方式，让游客在虚拟世界中沉浸式地探索澳门旅游景点。在"迷你澳门"项目中，展示了澳门旅游塔、议事亭前地、大三巴牌坊和妈阁庙等场景，并引进了三个现实生活中的本地品牌—咀香园饼家、盛丰珠宝及九鱼舫餐厅，将现实中的餐饮品牌与虚拟空间进行结合，增强数字游客与虚拟空间之间的互动。此外，该项目不仅仅将现实生活中的度假村和旅游景点带入元宇宙，同时还能够与现实世界进行线上线下的结合，通过游戏化奖励的方式，推动未来线下旅游业的发展。例如，在迷你澳门项目中，虚拟空间中内嵌了两款寻宝类游戏，完成游戏的玩家可以在真实世界中到澳门兑换现实中的奖品，成为吸引游客未来前往澳门旅游的一个靓点。

图 3-5　The Sandbox 上"迷你澳门"景点图

除了澳门之外，东京涩谷也在 The Sandbox 上推出了元宇宙景点项目（图 3-6）。该项目由 SHIBUYA109 Entertainment Corporation 开发，复刻了东京涩谷主要的商业区，包括街道、高楼大厦、药妆店，以及涩谷最具标志性的十字路口等。在涩谷元宇宙项目开幕当天，在涩谷著名的十字路口前举办了《攻壳机动队》粉丝活动，将《攻壳机动队》中的人物和情节都复刻进了元宇宙空间中，用户可以在虚拟空间中观看开幕仪式，并与其他玩家进行互动。在该场景推出的两年间，东京涩谷元宇宙空间还举办了不同的节日活动，例如万圣节庆典活动。除了元宇宙空间内的展示功能外，虚拟的东京涩谷开展了 NFT 销售、玩游戏获得 NFT 奖励、广告投放等多种商业活动。

图 3-6　The Sandbox 上东京涩谷景点图

　　除了这种直接复刻的元宇宙景点，也存在着一些结合地区文化自建的元宇宙景点项目，例如知名的元宇宙地产项目——龙城（Dragon City），如图 3-7 所示。龙城是 Decentraland 上最大的虚拟空间地块，拥有 6486 块地块，由 Metaverse Labs 开发运营，主要希望通过大型的文旅地产项目向全世界展示中国传统文化。Metaverse Labs 在龙城的建设规划中，融合了阴阳、四相、八卦等古老概念，代表了中国古代建家、建村、建城的原则，为未来的商业活动提供了更加宽大的场景。例如，每年一度的庆新春活动已经成为龙城在 Decentraland 上的最盛大的活动之一。在庆新春活动中，玩家可以沉浸式体验到超现实虚拟舞台，观看根据不同场景不断变化的灯光秀，参与到有奖的寻宝游戏中，并且有机会获得免费的可穿戴 NFT，为中国文化的宣传提供了元宇宙场景。

图 3-7　Decentraland 上的龙城景点效果图

3.3.2　元宇宙展馆

在现实中，展馆是一种重要的展示商品、会议交流、信息传播的场所。人们通过各类展馆进行实际体验，并交流行业信息，促进商业贸易的增长。在元宇宙地产平台中，元宇宙展馆也在商品展示、信息传播、经济贸易上起到了至关重要的作用。

艺术类展馆是各种类型展馆中最常见的心态之一，而虚拟画廊就是艺术类展馆最典型的表现形式。知名拍卖行苏富比（Sotheby's）就曾在 Decentraland 中搭建了一处虚拟画廊场馆，该场馆复刻了苏富比在伦敦 New Bond Street 的画廊的建筑风格，展示了包括 Cryptopunks、日本艺术家池田亮司等人的作品（图 3-8）。在第一层的画廊入口的门前，还站立着苏富比员工 Hans Lomulder 的虚拟人像，会为每一个进入的游客进行介绍。该元宇宙场景的搭建是为了配合 2022 年 6 月 10 日 Natively Digital 策划的 Cryptopunks 等 NFT 作品拍卖，将线下的拍卖会同步在线上的元宇宙虚拟画廊中进行直播。此次直播中，一件名为 Robert Alice 的智能 NFT 作品也参与其中。她可以在人类与其对话的过程中进行同步学习，在直播过程中她也展示了作为智能 NFT 的学习能力。

图 3-8　Decentraland 上的苏富比画廊展馆

除了像苏富比画廊这种艺术类展馆外，体育类展馆也十分常见。澳大利亚网球公开赛作为走过百年历史的网球四大满贯比赛，在遭受新型冠状病毒感染的打击后在 Decentraland 中租下了一块土地，仿造墨尔本公园的结构打造了一个虚拟的澳网主题场馆（图 3-9）。在场馆内，用户不仅可以欣赏到实况镜头和澳大利亚网球公开赛广播，还能看到墨尔本公园四周 300 个摄像机拍摄到的幕后花絮，其中还包括了球员到达区和练习村的独家内容。对于网球的深度爱好者，在场馆内还可以观看到追溯至 20 世纪 70 年代网球比赛的档案镜头，也可以与包括 Mark Philippoussis 在内的网球运动员虚拟会面。除了场馆以外，澳大利亚网球公开赛还发售了多款系列的 NFT。例如，在 2022 年 1 月 17 日至 27 日期间，澳大利亚网球公开赛宣布与 NFT 平台 Sweet 合作，配合球赛时间，发布 6 款澳网门票 NFT 系列，该系列从 1970 年开始，把每十年的实体门票数字化，以纪念澳大利亚网球公开赛过去 50 年的历史。除了聚焦于纪念价值的门牌 NFT 外，澳大利亚网球公开赛还发布了与澳网比赛现场实况数据联动的算法生成 NFT 系列——"艺术球"（Art Ball）。这一 NFT 系列除了具有观赏价值外还具有一定实用性，如可以兑换限量版可穿戴设备、澳大利亚网球公开赛商品以及其他权益。

图 3-9　Decentraland 上的澳大利亚网球公开赛展馆

不仅是体育赛事举办方，一些其他类型的机构也会可能基于元宇宙地产开发元宇宙体育展馆。2022 年 10 至 11 月，汇丰银行为了庆祝香港国际七人橄榄球赛停赛三年后回归，就基于此前 3 月购买的虚拟土地搭建了一个虚拟体育馆，发布了 6 款有趣刺激的任务，包括充满动感的挑战、引人入胜的小游戏和与橄榄球有关的教育小测验等，用户可以在体育馆周围的不同地点进行任务，沉浸式体验橄榄球运动。此前，汇丰银行与几家大型体育机构一直都有合作关系，包括七人制橄榄球世界巡回赛、LPGA 巡回赛和 DP World Tour 等，这也是其搭建这次体育展馆的重要原因。

除了前面提到的艺术与体育展馆外，博物馆作为重要的展馆类型在元宇宙中也有出现。港铁公司就曾在 The Sandbox 中搭建了一个以铁路为主题的展馆，将现实中的铁路环境在元宇宙中进行展览（图 3-10）。用户不仅可以在展馆内了解港铁公司的历史、香港与铁路有关的文化历史，以及现实中铁路的不同环境，还可以在虚拟空间中搭乘列车，收获列车驾驶、运营车站等不同的体验，通过这种新型的交互形式更好地学习铁路与香港文化有关的知识。

图 3-10　The Sandbox 上港铁公司建立的铁路展馆宣传图

3.3.3　元宇宙酒店

元宇宙会朝着和现实世界高度相似的方向发展，不论是出差还是旅游，未来都会在元宇宙中实现和拓展，而与出差和旅游相伴的酒店业，也同样可以出现在元宇宙中。不过，酒店最重要的属性就是其能为顾客提供一个短期居住地，如果酒店存在于元宇宙世界中，并不能亲自入住体验，可能会被质疑其存在是否合理。但实际上，当下元宇宙酒店的主要目的并不是为顾客提供身临其境的入住体验，而是和实体酒店相呼应，产生更多虚拟现实的交互体验，比如以下场景：

- **场景一：** 当你想去外地旅游时，你看中了一家从未住过的酒店，但你并不知道这家酒店的环境和氛围如何，于是你打开手机进入了 Decentraland 平台，化身为虚拟人物入住了这家酒店，提前亲自体验酒店的服务和氛围。此时，元宇宙酒店能作为实体酒店的营销宣传手段，通过提供虚拟服务来打造良好口碑。

- **场景二：** 当你受邀去外地某酒店参加一个会议，但却突然有事时间难以协调，这时你可以进入这家元宇宙酒店的会议室，不用亲临现场就可以参加会议，会后也可以在酒店的餐厅、酒吧和其他与会人员进行进一步交谈。不仅如此，如果在酒店举办画廊、宴会等，你都可以通过同样的方式参与。元宇宙酒店能弥补实体酒店位置带来的空间限制，从而辅助实体酒店更大范围地开展业务。

类似的场景还有很多，在元宇宙酒店中，用户可以切换体验不同的、现实中难以实现的酒店主题，还可以和酒店中的陌生人社交，一起拼车，一起玩剧本杀，等等。可以说，元宇宙酒店是实体酒店的补充部分，能帮助拓展和创新实体酒店业务，不少公司已经展开了这个领域的实践。2022 年 4 月，有"经济型豪华酒店先驱"之称的荷兰公司 CitizenM 宣布收购位于 The Sandbox 的 LAND 网站，并开始在平台中建立元宇宙酒店，成为第一个在 The Sandbox 购买土地的酒店集团。CitizenM 的首席营销官 Robin Chadha 表示，"作为一个不断突破界限并挑战传统模式的品牌，The Sandbox 的这个新项目不仅符合我们的品牌战略，也符合我们对创意社区和现实世界客人的承诺。同时，我们很高兴拥有在未来几年进一步探索元宇宙的机会"。

　　次月，新加坡酒店品牌 M Social 在 Decentraland 中也开设了第一家元宇宙酒店（图 3-11）。该酒店位于 Genesis Plaza 附近，是 Decentraland 平台中很热闹和繁华的地段，其设计和位于纽约时代广场的实体酒店有异曲同工之处，酒店采用紫色霓虹灯，四面由巨大的"M"字形环绕。如果你想要入住 M Social Decentraland 酒店，就需要登录 Decentraland 网站并注册账号，之后会有"野兽"服务员引导你办理入住和参观酒店。你还可以使用酒店提供的其他资源，例如在酒店餐厅中就餐并结交新朋友，或是租用酒店会议室来开展会，办派对，等等。同时，为了强化虚实世界的连接，用户参与虚拟酒店中的互动活动同样有机会赢得现实世界的酒店奖励。

图 3-11　Decentraland 上 M Social 元宇宙酒店效果图

3.4   元宇宙地产与元宇宙娱乐

随着"元宇宙"概念被媒体的广泛报道，大众也开始投入更多的时间在元宇宙中体验不同的娱乐活动。据技术研究与咨询公司 Gartner 预测，到 2026 年，预计 25% 的人将每天至少花一个小时在虚拟空间中进行各类娱乐活动[①]。针对这一趋势，许多品牌方、文娱公司等也纷纷选择在元宇宙中开发自己的元宇宙娱乐地产，以求把握住这一次科技变革带来的流量增长。

相较于传统娱乐地产，元宇宙娱乐具有诸多优势。作为一种线上娱乐形式，它受时间和空间的约束较小，用户还可以在 3D 环境内收获沉浸式的体验。此外，自 2020 年起，受到新型冠状病毒感染的持续影响，线下实体娱乐场所的各类活动被严格限制，这种基于元宇宙地产开发的线上娱乐场地，充分满足了用户在这段时间内缺失的娱乐需求，而对于娱乐场所的经营者，也能收获自身所需的商业回报。元宇宙娱乐与商业结合的常见方式有以下几种：

- **IP 授权：** 通过授权旗下 IP 内容至元宇宙平台，打造以 IP 为中心的元宇宙地产，吸引用户游玩的同时扩大 IP 影响力。
- **品牌迁移：** 基于虚拟土地，搭建具有自身品牌特色的综合娱乐场景，促进品牌传播。
- **流量获取：** 借助原创性的特色活动，收获元宇宙世界的品牌曝光与用户流量。
- **现实联动：** 通过线上免费或低成本的虚拟娱乐体验，为线下付费娱乐体验引流。

---

① 参见《EPRS | European Parliamentary Research Service》。

- **产品销售：**为娱乐活动销售 NFT 门票，或在活动中销售 NFT 相关纪念品。

目前，结合元宇宙地产应用这些商业模式最典型的元宇宙娱乐产业包括元宇宙音乐、元宇宙影视和元宇宙乐园。

3.4.1　元宇宙音乐活动

音乐作为大众都喜爱的艺术形态非常适合与元宇宙结合，许多品牌方也纷纷基于元宇宙地产平台举办各式各样的音乐活动吸引用户。

酿酒公司保乐力加（Pernod Ricard）就曾在 Decentraland 举办过一场盛大的音乐节活动。它以自身伏特加品牌 Absolut Vodka 为名在 Decentraland 中购买了一块土地，取名为 Absolut.Land，并希望在这块土地上重现 Coachella 音乐节（图 3-12）。在音乐节上，用户不仅可以听到和观看知名歌手最新专辑的直播，还能进入反重力舞池自由地跟随旋律一起舞动。当然，作为在烈酒品牌冠名地产上举办的音乐节，肯定也少不了与"酒"有关的系列活动。现场不仅有虚拟人物充当的调酒师，用户还可以虚拟的方式喝下特别制作的鸡尾酒。此外，通过互动和参与空间，用户还可以经由隐藏的瓶子收藏品、产品促销和独特的体验来解锁一些惊喜时刻。而通过分享虚拟饮料，用户还有机会解锁3000 多种可穿戴设备，包括手袋和珠宝品牌 Susan Alexandra 为 Absolut Collection 提供的独一无二的物品。保乐力加的首席执行官 Mukherjee 表示："我们带来了时尚、音乐和鸡尾酒制作，即使你在 Absolut.Land，我们也有一台自动售货机，你可以在那里订购鸡尾酒，然后送到你家。"初步数据显示，有来自 100 多个国家、地区的近 21 000 个玩家在节日的两个周末使用数字化身进入了元宇宙，还有 260 000 名游客参加了现场节日活动。这不止是一场音乐的盛宴，同样也为作为举办方的品牌主带来了惊人的商业价值。

图 3-12　Absolut.Land 上音乐节效果图

　　除了消费品牌，以音乐为主营业务的知名公司也将目光投向了各大元宇宙地产平台。2022 年 1 月，The Sandbox 就曾宣布与华纳音乐集团（WMG）建立合作关系，并将在平台内打造第一个以音乐为主题的虚拟世界。华纳音乐集团希望在 The Sandbox 中创造一个将音乐公园与音乐会结合的特殊空间，让华纳音乐的艺术家与粉丝们能够亲密地互动，并给予他们沉浸式的特别体验。华纳音乐集团首席数字官 Oana Ruxandra 说："我们将开发持久的、身临其境的社交音乐体验，挑战现实世界的限制，让我们的艺术家和他们的粉丝以前所未有的方式参与其中。"

　　不仅音乐公司，许多知名的音乐人也参与到了以元宇宙地产为中心的元宇宙活动中。2021 年 9 月，The Sandbox 就宣布与知名说唱歌手兼作曲家 Snoop Dogg 合作，将其带入到 The Sandbox 的游戏世界中。Snoop Dogg 将在 The Sandbox 中拥有自己的数字土地，并推出自己的 NFT 系列，其中包含有"Snoop Dogg 私人派对门票"。通过门票，用户们可以获得一些 VIP 权限，包括参与演唱会、活动，进行采访等。

"我一直在寻找与粉丝互动的新方式，我们在 The Sandbox 里创造的是区块链上的聚集地、NFT 投放和独家演唱会的未来。"Snoop Dogg 说。在之后的 2022 年 4 月，Snoop Dogg 在 The Sandbox 中发布了一个新的音乐视频，他表示将举行一场虚拟的超时空音乐会。此外，Snoop Dogg 还在最新专辑中制作了一个完全基于 The Sandbox 的 MV（图 3-13）。MV 中，Snoop Dogg 变成了一个像素化的 3D 化身，而该视频的制作使用了该平台的免费内容制作工具 VoxEdit 和 Game Maker。

图 3-13　Snoop Dogg 在 The Sandbox 中拍摄的 MV

当然，除了这些公司和歌手，普通人也有机会在元宇宙中展现自己的音乐才能。例如，Decentraland 中的虚拟酒馆 Franky's Tavern 就开设了"Sunday Funday 卡拉 OK"的每周活动，希望能够将虚拟酒馆进一步升级为元宇宙版的 KTV。在这里并没有花哨的赠品，也没有著名的 DJ，有的只是纯粹参与其中享受娱乐所收获的愉悦心情。

3.4.2　元宇宙影视

除了音乐之外，影视业也在元宇宙地产平台中拥有广泛的布局。流媒体巨头 Netflix 就已开始在元宇宙中开展商业活动，它在 Decentraland 中租用了一块土地，希望以间谍惊悚动作电影《The Gray Man》为主题创建一个解密迷宫，来探索品牌与粉丝联系的新的虚拟互动方式。在迷宫，用户必须通过他们对电影情节的了解来导航，并借由回答有关电影的相关问题才能在迷宫中前进。除了问答机制外，许多环节都渗透了这部电影有关的文化细节。进入迷宫后，用户会听到电影的原创 OST，并看见主角 Ryan Gosling 的视频。而只要用户到达中心的喷泉并解锁秘密房间，就可以连接加密钱包来记录各自的完成时间，并获得电影中特工所穿样式的虚拟服装奖励。仅仅在第一周的活动中，就有 2000 名用户穿过迷宫，很好地为这部电影进行了宣传。

除了这种针对单个电影的地块区域外，一些元宇宙平台会尝试聚集多个知名的电影 IP，打造一个电影城。The Sandbox 当中就存在一个叫"动作城"（Action City）的地方，该地点入驻了大量电影 IP，例如 2004 年播放的《地狱男孩》（Hellboy），2008 年重启的《兰博》（Rambo），2019 年的《兰波：最后的血》（Rambo:Last

Blood）以及前三部《敢死队》（Expendable）。此外，狮门影业还打算将一些恐怖片 IP 也都放入动作城中，来吸引更多流量。"我们迫不及待地想在元宇宙中打开我们的狮门之地，这样全球的粉丝就可以以超越现实世界的方式创作、播放和探索我们的电影 IP。"狮门娱乐执行副总裁 Jenefer Brown 说："我们对我们与 The Sandbox 的战略关系将为我们的社区带来新的可能性而感到兴奋。"

除了这种影视基地，电影院这一常见的娱乐场所在元宇宙中也可以见到。印度娱乐集团 Shemaroo Entertainment 就在 Decentraland 中开设了一家名为"Shemaroo 剧院"的沉浸式电影院。Shemaroo 剧院旨在提供与现实生活中电影院同等水平的体验感受，包括提供虚拟爆米花和饮料柜台。此外，用户还能操纵自己的虚拟化身进入豪华大厅、售票处柜台和虚拟预告片区等特定场所。通过这种方式，Shemaroo 希望打造一个平行的生态系统，让宝莱坞电影的大屏幕上展现在一个舒适的家中。

3.4.3　元宇宙乐园

受新型冠状病毒感染影响，游乐园这一重要的现实娱乐方式与商业地产形式近些年的经营之路异常坎坷，不少游乐园开始思考将游乐设施迁移到元宇宙中。而 LOTTE WORLD 冒险乐园作为世界最大的室内游乐园在 2022 年 7 月，就宣布了与 The Sandbox 的相关合作（图 3-14）。在这项合作中，The Sandbox 将获得乐天世界的各项内容 IP 授权，并开发出各种有趣的 NFT 游戏，为虚拟世界创造更多的可能性。

图 3-14   The Sandbox 与 LOTTE WORLD 合作宣发图

　　这种 IP 授权打造乐园的模式并非线下乐园的专属，线上经营的游戏机构也热衷于进行这种形式的元宇宙地产开发。在 2022 年 3 月，全球知名游戏厂商雅达利（Atari）也与 The Sandbox 达成了战略合作，这次合作就包括《爆破彗星》《飞天蜈蚣》《乓》《过山车大亨》等知名游戏 IP 的授权，并建立一个囊括 Atari 多款元素的游戏主题乐园（图 3-15），包含 Atari 各种主题和风格的作品、景点、游戏以及建筑物。在这个虚拟世界中，用户可以任意构建像素游戏、进行活动。同时，Atari 和 The Sandbox 将合力开发 Atari 风格的游戏模型资产，以便于用户在游戏创作的过程中使用。

图 3-15 Atari 与 The Sandbox 的合作乐园效果图

除了这种基于已有 IP 授权打造的乐园，原创元宇宙乐园的模式同样可行。2022 年 1 月 31 日，龙城的开发团队 Metaverse Labs 就首次开放了原创梦幻主题乐园——FantasticLand。当日，团队邀请了所有社区内的成员和世界各地的元宇宙用户共同参加一场"龙腾虎跃新春嘉年华"。

在嘉年华内，用户可以随意奔跑跳跃，不受物理环境和科学定律的限制，也不受年龄、身份、社会地位等的限制，可以成为任何人。嘉年华内融合了各种文化和元素，用户还可以参与到舞台互动中，打破了传统的"第四面墙"，体验超现实舞台和沉浸式演出。舞台不仅是沉浸式的，也是变幻莫测的，用户可以随着灯光舞动。嘉年华中的演出人员包括我国大陆、港澳地区和台湾省的艺人，演出的音乐风格囊括了流行、说唱、电子等。除了演出以外，嘉年华中还设置了虚拟互动寻宝游戏，全世界的玩家可以一起参与并获得纪念章。团队还为参与者准备了免费的可穿戴 NFT 和 POAP，让玩家可以在嘉年华中尽情享受节日氛围。

3.5　元宇宙地产与其他商业应用

3.5.1　元宇宙广告牌

　　现实生活中，我们能在传统商业地产中看到很多广告的影子，不论是办公楼、商场、中心广场、地铁，很多品牌投放的广告牌都在潜移默化地影响用户的购买决策。而在和真实世界类似的元宇宙中，元宇宙地产上同样可以建设虚拟广告牌来投放广告。这些元宇宙广告牌是连接虚幻与现实的，既能传播关于元宇宙中重大事件和活动的信息，也能为现实中的品牌打广告。Meta 公司在其元宇宙规划中也曾表示，广告宣传未来会是元宇宙的重要收入来源之一。为此，很多机构都开始入局虚拟广告牌，开始为各品牌提供元宇宙广告服务，Metaverse billboards 和 Ocean Outdoor 就是两个很好的例子。

　　Metaverse billboards 是一家元宇宙广告服务商，根据其官网的介绍，Metaverse billboards 在 Voxels 平台上拥有超过 140 块虚拟土地，250 多个广告牌可供品牌商选择。如果想要在 Voxels 平台上投放与区块链和 NFT 有关的广告，只需要将一个 2073×1463 像素的广告图像和链接发给 Metaverse billboards，并且支付每周 1ETH 的费用，Metaverse billboards 就会在其所有的广告牌上投放你的广告。NFT 交易平台 Rarible 就曾和 Metaverse billboards 合作，在 Voxels 中进行了一场大规模的广告宣传（图 3-16）。

图 3-16　Rarible 在 Voxel 中投放广告的效果图

而 Ocean Outdoor 本来是一家立足于现实世界的户外媒体公司，但通过和元宇宙平台签订合作，它将元宇宙里的广告牌售卖给广告主，在元宇宙中担任了广告代理和媒体主的角色。Ocean和 LandVault 合作推出了全球首个 Web3.0 元宇宙系列数字媒体服务包，该系列包含位于 Decentraland 和 Somnium Space 中的 45 个数字广告牌。这些广告牌全部位于用户流量密集的区域。例如，Somnium Space 中的广告牌都处于交通枢纽或利于交互体验的地方，如迪士科俱乐部、音乐厅、元宇宙游戏区等；同样，Decentraland 中的布局也包含了 Decentral Games 区域——Decentraland 内最繁忙的一个地区，其交通流量占总流量的 60% 以上。英国排名首位的商品零售商 Argos 曾和 Ocean Outdoor 合作，在虚拟世界和现实世界中同时投放广告宣传，其广告牌既出现在现实世界里伯明翰和曼彻斯特的路边，也出现在 Somnium Space 中的Ocean 拥有的伦敦荷兰公园环岛三屏上（图 3-17）。

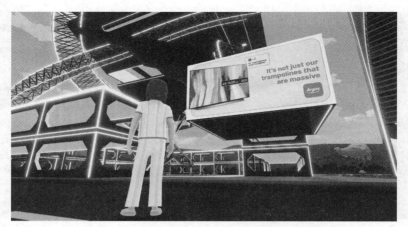

图 3-17　Argos 在 Decentraland 中投放广告的效果图

那相对于现实中的广告牌来说，基于元宇宙地产的广告牌又有什么好处呢？

首先，虚拟广告具有更高投放率。设想一下，如果一个广告牌被投放在现实世界中的某一处，无论是在室内空间还是在宽广的室外空间，一个空间同时容纳的人数是有限而稀少的，说明这个广告可以触达到的人数也会偏少。但在元宇宙中，一块虚拟土地同时容纳的人数是没有限制的，即便加上网络带宽和用户显卡的限制，广告商在元宇宙中同时间段的理论最大触达用户也大于现实世界。虽然在当前发展阶段下元宇宙广告牌还比不上繁华地区的广告投放效果，但在不远的未来确实会有更大的想象空间。

其次，相对于一般的互联网平面广告，元宇宙广告牌又具备着深层次互动体验的优势。基于互联网的平面广告投放只能使消费者单方面接收到品牌方的信息，而在虚拟世界中，广告牌可能会具有更多的互动体验，从而实现品牌与消费者的双向联系。

此外，元宇宙广告牌还赋予了广告商无限的设计可能性。和前文提到的虚拟商店、虚拟购物中心的设计一样，由于处于没有物理条件限制的虚拟土地上，广告牌是灵活的、容易创建的、且可以是天马行空的，这就为广告牌的设计带来了无限的可能性。品牌商不必再一比一复制现实世界中的广告牌，而是可以提出各种新奇的富有创意的想法，由元宇宙广告设计师和广告服务商来负责实现，由此来凸显独特的品牌风格。

这些就是元宇宙广告牌背后的价值所在，这些独特的属性催生出了巨大的商业价值。就像 Somnium Space 的创始人兼 CEO Artur Sychov 提到的，"这是一个真正独特的时刻，因为它为观众提供了有史以来第一次以沉浸式跨现实的方式与品牌和实体物品联系的能力。此外，这些 NFT 广告牌的所有者将从这些活动中获得直接收入，使他们能够将部分利润直接再投资于产生更多的内容，并在其所在地组织更好、更大的活动，从而为品牌创造更多的知名度。"

3.5.2　元宇宙品牌活动

随着和现实世界对应的虚拟世界的逐步成熟和完善，品牌们开始意识到元宇宙的巨大潜力。除了采用前面提到的元宇宙地产建设形式，一些与品牌本身更加契合的短期品牌活动也成为了许多品牌的营销选择。这些品牌会自己或联合其他品牌利用虚拟土地打造短期运营的虚拟空间，让消费者更沉浸式地和品牌产生交集。目前在虚拟土地上进行的品牌活动有社区互动游戏、元宇宙时装周、元宇宙快闪店等。

社区互动游戏是提高用户黏性的一种很好的方式，并且基于虚拟空间的游戏模式，能为更多消费者带来更有趣

的体验。时尚品牌花花公子就与 The Sandbox 合作推出了
"MetaMansion"（图 3-18），为元宇宙游客提供以花花公子为主题
的社交游戏体验。The Sandbox 将利用花花公子庞大的内容库，以
及花花公子的人脉和网红资源进行构建，该虚拟豪宅能提供包
含游戏、社交活动、编程活动和持续的数字收藏品发布等功能。
MetaMansion 建立在花花公子的 Rabbitars NFT 项目上，这个项目
由 11 953 个兔子头像组成，并于 2021 年 10 月发行，当时每个售
价约 800 美元。在 MetaMansion 中，有一条红毯通向其巨大的官
方虚拟豪宅，两边排列着像素兔子玩伴，其中一位虚拟玩伴会向客
人赠送印有花花公子标志和"VIP"字样的卡片，而持有 Rabbitars
NFT 的人将获得访问虚拟豪宅的特权和独特的体验。

图 3-18　花花公子和 The Sandbox 的合作宣发图

除了社区互动游戏，元宇宙时装周也是受到广泛关注的元宇宙
品牌活动。2022 年 3 月，Decentraland、UNXD、Vogue Arabia 联
合举办了迄今为止规模最大的元宇宙时装周，吸引了 Etro、Hogan、
Nicholas Kirkwood、Philipp Plein、Estée Lauder 等 60 多个传统与数

字时尚品牌的加入，展出超过 500 个虚拟时尚造型。和传统时装周一样，除了时装秀之外，元宇宙时装周还包含了巨星云集的派对和互动体验等沉浸式活动。Estée Lauder 作为该时装周的独家美妆合作伙伴，在 Decentraland 中开设了以其小棕瓶产品为形象的独立场馆（图 3-19），并首次推出了 NFT。用户如果走入"小棕瓶"下闪亮的光圈，其虚拟形象便会被传送进"小棕瓶"内部，用户可以选择观看建筑墙壁上的"小棕瓶"精华详细视频介绍，也可以直接走下阶梯进入场馆中央，输入验证码获得品牌免费提供的一套 NFT 可穿戴设备，该可穿戴设备可以使其虚拟形象拥有以小棕瓶的高级夜间修复功能为灵感的发光光环。

图 3-19　Decentraland 中小棕瓶形象的场馆

在 Decentraland 的元宇宙时装周期间，很多品牌也同步开设了虚拟快闪店来进行用户互动。快闪店在现实中是品牌在商业繁华地区设置的地点不固定、开店时间短的一种临时性店铺，由于其成功抓住消费者"机不可失，时不再来"的消费心理，并以不一样的创意和体验式的场景服务吸引用户，因此往往会达到较好的营销效果，而在元宇宙中也是这样。Etro 就在秀场所在的奢华时尚区开设了一家虚拟快闪店，用户可以通过虚拟时装秀登录品牌官网购买该系列产品。Nicholas Kirkwood 也在 Decentraland 中的奢华时尚区核心地带开设了一家虚拟快闪店，店内漂浮着该品牌与 White Rabbit 合作的 NFT 鞋款和 White Rabbit 标志性的小兔子。

元宇宙为这些短暂的品牌营销注入了新活力，而虚拟空间的打造又进一步提供品牌和消费者沉浸式交流的机会。Hogan 总裁 Andrea Della Valle 先生在一次采访中提到，"元宇宙刚刚起步，我相信这之中蕴藏了很多能够与成长在数字环境下的年轻一代建立沟通与互动的可能。当然，机会与挑战始终并存"。

3.5.3 元宇宙办公

传统商业地产的一个重要用途是办公楼，因为通常公司需要为员工提供一个专门的办公空间，也需要对公众展示出良好的企业外部形象。但在新型冠状病毒感染催化下，远程办公逐渐普及，企业微信、钉钉、飞书等办公软件已经解决了远程办公场景之下员工的大部分刚性协作需求。但是，目前的远程办公软件仍存在一些困境，如缺乏线下办公的沉浸感、缺乏同事之间的社交，远程线上沟通效率不足等。由此，元宇宙办公楼被孕育而出，企业可以在元宇宙中购买或租借虚拟土地来建设自己的办公楼，一方面布局元宇宙，未来向客户提供更多元宇宙服务；另一方面还原线下办公的"弱社交"场景。

Mediahub 就为了布局元宇宙而建设起了自己的办公楼，主要用于展现公司的企业形象。整个建筑主题包括两层，一楼的作用是向参观者介绍公司、阐明公司的使命，二楼设置了一些旋转展示的艺术品。但由于元宇宙中的土地价格动辄上百万美元，Mediahub 并没有像一些品牌一样购置元宇宙地产，而是在元宇宙中租用办公空间。这和现实中大部分企业相似，由于购买土地和自行修建办公楼的成本较高，通常企业会选择租赁已修建好的办公楼来进行办公。但是在元宇宙中，设计和修建办公楼的成本并不如现实中那样高，耗时也不长，所以 Mediahub 在租好虚拟土地后，仅花费两天就把办公楼修建好。

和 Mediahub 一样的企业还有普华永道和摩根大通等。去年 12 月，普华永道香港分公司宣布在 The Sandbox 上购入土地来建设一个 Web3.0 咨询中心，用于促进新一代的包括会计、税务在内的专业服务。摩根大通也在 Decentraland 中购入位于 Metajuku 步行街的一块地皮，修建了一个"Onyx"虚拟休息室，用户可以在其中使用自己的虚拟化身观看专家对加密货币市场的讨论。根据摩根大通发布的一份报告，它认为自己在虚拟世界中可以承担银行一样的角色，促进跨境支付、外汇、金融资产的创造、交易和保管。

除了布局元宇宙外，提供沉浸式的办公体验也是元宇宙办公楼的一个重要目的。你可以思考目前的远程办公方式：只需要坐在家里打开远程办公软件，通过即时消息、视频会议、共享文档的方式就可以和同事一起办公，但是和真实的工作场景相比，一方面家里无法提供真实的办公氛围，另一方面和同事之间缺少了很多面对面的交流和相处。而元宇宙办公楼里办公，能非常好地复制线下的办公体验，提供最真实的感受，这一点对于文化创意类属性较强的公司可能相对更重要一些。

第 4 章
元宇宙地产的交易与租赁

"在不断扩张的数字空间，仍有推理出价值根源的可能。"

——Scott Duke Kominers

人类是一种对土地及其所属权情有独钟的生物，从原始社会的氏族土地分配，到封建社会的属地分封，再到现代社会的地产交易，土地总是持久价值凝聚的象征。当人类的生存空间向元宇宙拓展时，土地依然被视为一种重要的资产，像现实世界一样被交易、被租赁，并在流通中赋予更大的价值。截至目前，许多元宇宙地产项目的土地均价可达每平米上千美元，单个土地成交价格可以突破上百万美元，并且还有源源不断的新的个人和机构投资者涌入元宇宙地产市场，希望分得一杯羹。在这样疯狂的现象背后，究竟是什么支撑着元宇宙地产背后的价值，而这份价值又是怎么在市场上流通的呢？本章将向各位读者揭示元宇宙地产在市场流通时的价格构成，以及不同交易与租赁市场的基本特征。

4.1　元宇宙地产的价格构成

任何一个元宇宙世界的元宇宙地产的价格都可以大致划分为三个部分：内在价值、使用价值和市场溢价。

4.1.1　内在价值

内在价值（Intrinsic Value），从字面上理解，就是刨除掉"使用意图"和"市场情绪"后一个虚拟土地本身所蕴藏的价值。听起来似乎有一点抽象，一块只是由计算机代码创造虚拟土地，为什么本身会具有价值呢？

这就要回归价值本身的定义了，价值指的是"客体对于主体的积极意义和有用性"，简单来说，就是一个东西人们愿意持有它，它就有价值，而人们没有任何动力去持有它时，它也就不具有意义。当你不去使用或在短期交易一块土地时，土地价值来自三个方面：贮藏价值（Storage Value）、利息价值（Interest Value）和治理价值（Governance Value）。

1. 贮藏价值

虚拟土地的贮藏价值，指的是一块土地能持续性地象征一定财富的能力，并具有在未来升值的潜力预期，所以人们选择持有而不是卖掉它。本质上其实指代的是一种资源的稀缺性，就像人们会持有古董字画等收藏品一样。虽然抛开存储限制不谈，在虚拟空间中理论上可以创造无限的土地，但各大元宇宙平台在设立之初就会规定土地发行数量，这通常是项目设计之初在链上设定好的，在元宇宙的白皮书中也会有明确的说明。例如，The Sandbox 中共有 166 464 块土地，Axie Infinity 有 90 601 个……

随着时间的推移，被开发利用的土地越来越多，市场上流通的土地供给就会越来越少。然而，伴随着元宇宙的蓬勃发展与新用户的涌入，人们对于虚拟土地的需求会越来越多，未来市场可能出现供不应求的现象，这种现象可能会被逐渐放大并带动虚拟土地价格的上涨，让人们产生对于虚拟土地及地产的升值预期。这种预期让人们愿意像持有现实世界不动产一样来持有元宇宙中的元宇宙地产。当然，除了总量上可能会产生的稀缺性外，特定属性虚拟土地的限量会强化原本的稀缺性。就好比现实中可以用于商业开发的土地是有限的一样，元宇宙中也有类似的机制。比如在 Decentraland世界中的 90 000 块虚拟土地里，只有 36 000 块是供项目方搭建基础设施区域的。不过，"特定的虚拟土地项目的土地数量"并不是增加地块稀缺性的唯一属性。具有"靠近 X 或 Y"属性的土地也会强化稀缺性。根据虚拟土地历史销售数据显示，人们愿意为靠近品牌或明星所持有的地块花更多钱。比如 2021 年 9 月，The Sandbox宣布与美国说唱歌手史努比·狗狗（Snoop Dogg）合作，并为他专门打造了虚拟豪宅。在消息宣布之后，靠近史努比·狗狗虚拟豪宅的土地均价有明显的上涨。甚至有用户花了约 45 万美元专门购买了虚拟豪宅旁边的一块虚拟土地，成为了 Snoop Dogg 的数字邻居。

不过目前虚拟土地的稀缺性仍然是一个比较有争议的点，安永的全球区块链领导者 Paul Brody 就认为，虚拟土地的稀缺性最终是伪命题。因为虚拟土地的供应量完全由项目方控制，所以虚拟土地的稀缺性其实是人为的稀缺性。就像元宇宙地产项目方限制特定虚拟土地的供应量一样。这样的稀缺性其实只会增加土地的进入门槛和排他性，是否能构成虚拟土地的内在价值还有待商榷。

2. 利息价值

虚拟土地的利息价值，指代的是未来持续产生稳定现金流的折现价值。就像投资债券等金融产品的利息一样，长久持有这些产品的价值就是未来持续产生稳定收益折算到现在时间点的价值。这种稳定收益的体现形式有很多，最常见的是生成物、分红、质押、租赁4种形式。

- **生成物：** 生成物指的是定期会在土地上产生的物品，这一机制借鉴了很多角色扮演类的游戏，土地上会按照一定的周期和一定的概率产生可以在市场上被交易的物品NFT，也有可能是以这样的方式直接进行元宇宙平台的代币分发。无论是哪种形式，短期内持有虚拟土地获得这些资源奖励可能就像开盲盒，但在长期持有土地的情况下，根据平台预先设定的生成概率和生成周期，可以近似看作持续稳定的收益。

- **分红：** 类似于股票分红，这种模式将土地视为一种权益象征，可以定期共享平台经营中的一部分收益。如果对于元宇宙平台未来的持续稳定经营是保持乐观的，这部分收益也可以看作稳定持续的收益。

- **质押：** 用户土地拥有的数量将影响用户可以质押代币的数量，用户质押的代币可以获得被动的利息收入。

- **租赁：** 这种形式更接近于现实中的地产租赁，当人们持有一块地产但是短期内并不打算使用时，可以将其租赁来获得稳定的租赁收入。而对于买家来说，他们只希望短期内使用土地来发展元宇宙商业，或者手上并没有足额的现金去一次性买下土地发展元宇宙商业，就可以采用这种形式。这种客观存在的需求也成为了持有虚拟土地来获得稳定收益的来源之一。

3. 治理价值

虚拟土地的治理价值，指代的是持有土地后可以获得参与元宇宙世界本身的建设决策中的价值。就好比封建时期拥有自己土地的藩王、领主、地主一样，土地是身份的象征，决定了是否拥有参与决策的资格。而持有土地的多少也就与影响决策的能力相关联了。不过，脱胎于现代社会的元宇宙世界则是参照更加民主的社区模式进行管理的，虚拟土地可能就是这个社区的身份卡，决定一个人是否有权参与社区建设的提案工作，而持有虚拟土地的多少可能就会影响到投票决策的权重了。就像当人们非常看好一个公司并希望能够影响一个公司决策时，购买并长期持有带治理权益的股票是一种方式一样，当人们看好一个元宇宙平台并希望能够参与其发展决策时，持有虚拟土地也可能会成为一种重要的方式，这也让治理能力本身有了价值。

4.1.2　使用价值

元宇宙地产的使用价值主要在于其商业应用价值，而与商业应用价值相关联的主要有 4 个因素：地块大小、地产位置、土地属性、基础设施。

1. 地块大小

与现实中购置地产一样，地块越大意味着具备更大的使用价值。虽然在元宇宙中各种素材都是虚拟的，但在 3D 建模时都会赋予其一定的碰撞体积和物理交互属性，在有限的空间中可容纳的资产和创造物一定是有限的，这一物理特性会让面积更大的土地具有更高的使用价值。此外，一些具备资源生成特性的元宇宙地产平台为了增强大小对于土地价格的影响，会将资源产出的速度和数量与地块大小相关联，更大地块的持有者会有更大概率获得更多的资源用于建设，这也从容纳空间以外的角度强化了大小对价格的使用价值的影响。

2. 地产位置

地产位置所指代的含义分为两层：元宇宙地产所处的平台和元宇宙地产在平台内世界里的具体位置。就平台层面而言，因为元宇宙的商业经营最重要的其实就是流量，如果平台本身就不具备充沛的用户，无论在平台内多好的地段依然无法有比较高的商业转化。而对于平台内的位置，可以用传统地产的选址原则进行一定程度上的类比。在传统地产中，距离地铁、公交站等交通要件的便捷性可能是重要的因素，但虚拟世界中，并不需要交通工具就可以到达很远的地方，在交通方面，考虑更多的是与交通要道的连通性，比如虚拟世界的主要入口。对于靠近虚拟土地入口的土地来说，由于玩家在闲暇时主要通过这些入口进入元宇宙中，然后向外分支来探索附近的地区，该区域周围的土地通常将有更多的流量。越多流量意味着获得更多的流量与潜在收入，因此这些位置的土地通常会以更高的价格出售。此外，在现实地产中，靠近商业中心等流量聚集地的地产会收获更高的价格，这种效应在虚拟世界中也同样具备，甚至表现会更加显著。在元宇宙中，知名项目方、品牌主往往自带流量，其声誉所带来的辐射作用也会以自身为中心，向四周蔓延，最终形成距离越近价格越高的现象，带动周围地块价格的上涨。这一现象背后的商业逻辑也十分简单，这些知名项目方和品牌主本身的高客流量变相也会增加相邻地块的客流量。以 The Sandbox 为例，图 4-1 就展示了 The Sandbox 当中出售价格较高的土地通常就是围绕在主要项目方和品牌方周围的地块。

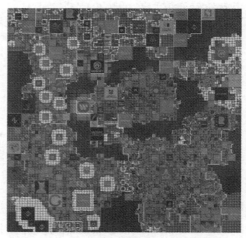

图 4-1　The Sandbox 中出售价格较高的土地

与知名项目方和品牌方类似地，明星或 KOL 的入驻也会引起周边地价的攀升。根据 Blockchain Research Lab 的研究结果（图 4-2），当知名说唱歌手 Snoop Dogg 在 The Sandbox 中购置了豪宅之后，平均每靠近多一个单位的地块，土地价格就会高出约 8.51 美元。不仅如此，将 9 月 Snoop Dogg 宣布入驻后附近地块的平均价格与入驻前的 8 月相比，地块价格平均增长了约 6 倍，并且越接近 Snoop Dogg 虚拟豪宅的地块这种价格增长效应越明显，其距离远近和价格增长幅度的关系如图 4-2 所示。不过，需要注意的是，争相购置明星周边土地的未必是真粉丝，有可能是看重明星自带流量的元宇宙商业的经营者。

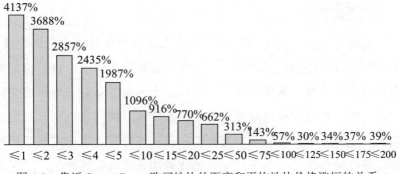

图 4-2　靠近 Snoop Dogg 购买地块的距离和平均地块价格涨幅的关系

3. 土地属性

元宇宙平台上地产的属性包括地块天然设置的属性。通常，元宇宙地产平台为了强化土地与土地之间的区分度，在创造世界之初，就会人为赋予土地以不同的属性。这种属性的差异是多种多样的，而对于属性的影响也会多种多样。"外观属性"及"资源属性"是最常见的两种属性划分。"外观属性"主要影响的是地产从观赏价值所带来的影响。元宇宙商业相较于传统商业，给予用户的额外价值主要集中于体验上，所以美观性也可以成为构成使用价值的重要部分。类似于 Somnium Space 存在"山川""湖泊"的特殊地形外观，地形外观的"山景房"或者"湖景房"可能也具有更高的价格。而资源属性，主要代指的是这片土地所能产出的特殊资源种类。例如，NFT World 中每个世界都分配有不同百分比的木材、石油、宝石和其他物品，同时有些世界有一些独特的气候资源和生物资源。在部分平台中，土地也许本身就可以作为一种资源使用，平台方会在土地创建之初人为限定土地的用途，这些限定也是土地的资源属性之一。

4.基础设施

前面有提到，元宇宙地产主要由土地和建设物两者共同组成，当虚拟土地应用于元宇宙零售、文旅和娱乐等场景时，自然也需要有商场、广告牌、音乐场馆、电影院、艺术馆等基础设施。这些基础设施既可能是在土地设置之初就与土地绑定的，也可以是人为建造的。许多元宇宙商家未必有兴趣自己从头开发建设房屋展厅等基础设施，而是直接购买土地集成的或者他人建设好的建筑，这样商家就有更多的时间投入装修、交互等创意设计的部分。采取这种方式运作的地产，往往搭建完善、可玩性高，会吸引更多的客流量，也具备更高的使用价值。因此一些元宇宙地产的投资基金，如Everyrealm，会在购买了虚拟土地之后，花钱请建筑师设计虚拟住宅或购物中心，然后聘请元宇宙开发商来建造它们，最后以高价转手卖掉来赚取其中的差价。

4.1.3 市场溢价

不可否认的是，在目前虚拟土地的价格组成当中，溢价也会占有一定的比例。并且溢价的高低会受到诸多因素的影响，这也是导致目前虚拟土地价格波动的一个最主要的原因。而溢价的产生与宏观经济及市场情绪都有关联。

1. 宏观经济

类似于现实地产市场，元宇宙地产也会受到宏观经济情况的影响，同时，加密市场的波动又会进一步强化这种影响，下面以2021年到2022年上半年美国宏观经济为例，对比分析宏观经济对于现实地产市场和元宇宙地产市场的影响。2021年年初新型冠状病毒感染的持续肆虐对美国金融及经济社会产生了严重的影响，美联储为了救市，一方面大幅降息 1 个百分点至 0% ~ 0.25%，另一方面宣布开启量化宽松计划（Quantitative Easing），按照较优惠价格向金融机构购买包括房贷抵押支持债券在内的指定范围资产，扩大对金融机构的流动性投放并推动其扩大信贷发放，维持金融体系与经济就业稳定。受该政策持续实施、疫情管制放松等综合因素影响，2022年年初通货膨胀超出预期，于是从 2022 年 3 月开始，美联储宣布接连地加息。

在这样的宏观经济政策影响下，现实地产市场也出现了相应的波动，在大量流动性的支持下，全美房产销售出现了历史上比较罕见的井喷行情，行业景气度在较短的时间内快速上升。从销量上看，2021 年美国共售出 612 万套房产，比上一年增长 8.5%，创下2006 年房地产泡沫高峰以来的最高水平。从价格来看，根据美国全国房地产经纪人协会（NAR）发布的数据，2021 年美国房屋销售价格中位数为 347 100 美元，比 2020 年上涨约 17%，创下 1999年以来的最高纪录。而随着政策转向，美国房地产迅速降温，2022

年美国 3 ～ 6 月新屋销售均同比下降了 10% ～ 20%。

　　而对比元宇宙地产市场，也具有类似的趋势，并且作为交易媒介的加密代币本身的波动会产生额外影响。以 The Sandbox 的价格为例，在 2021 年年初开始地产价格就有轻微的增长，到年末及 2022 年年初在几个节点性事件及其附带市场情绪的刺激下，地价有了飞猛的攀升，但在 2022 年 3 月开始飞速下跌直至低谷，如图 4-3 所示。不过，因为 ETH 为主要用于交易的加密代币，对比以美元计价的地产价格波动趋势和以 ETH 计价的地产波动趋势可以发现有较大的差异，且根据 2021 年之前相反的差异趋势可以确定这部分差异受地块的发行流通量影响不大，因而该段时间内元宇宙地产价格波动很重要的驱动力就是用于计量其价值的虚拟代币 ETH 的价格波动。而可以观察到 2021 年年初至 2022 年上半年 ETH 的波动趋势（图 4-4）与差异的波动大体相当，基本可以一定程度上印证加密市场所产生的额外影响。

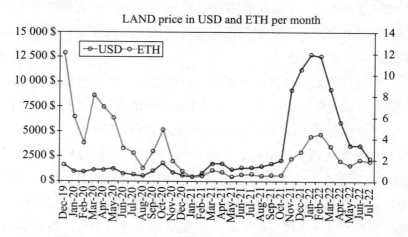

图 4-3　The Sandbox 中地块月均价格波动（美元表示和以太币表示）

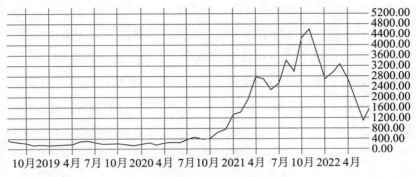

图 4-4　以太币美元价格波动

2. 市场情绪

对于元宇宙地产等与 Web3.0 相关的细分行业中，经常用"Memes"这个词汇去描述人们对于新叙述的追捧或旧叙事的舍弃。翻译过来就是模因，即人与人之间传播的思想或者观念，可以简单理解为热度 / 信仰。因为 Web3.0 领域高度依赖于共识，而比特币、以太坊等一个又一个带来惊人回报的事件不断挑动着人们的神经，大众非常容易去追捧一些新的概念而积极地买入资产，在推升价格上涨的同时又刺激更多的人买入追高，而给元宇宙地产本身带来惊人的溢价。

2021 年 10 月，Facebook 正式改名为 Meta 的事件就是很好的例子。知名的互联网公司向大家讲了一个宏大的元宇宙故事。一时间，"元宇宙"的概念爆火，"元宇宙"这三个字到处都是，无孔不入，所有新闻媒体报道上都充斥着这一概念，全世界似乎都在谈"元宇宙"这个话题。而各大元宇宙地产平台的交易代币上涨迅速，仅在公布次日，Decentraland 的交易代币就上涨 39%，The Sandbox

上涨 23%，而各类元宇宙地产也均有不同程度的攀升。

除了大的这种市场事件会撩拨起群众的情绪，元宇宙地产平台自己的叙事和宣传也会对元宇宙地产产生重大的价格影响。例如，有很多虚拟土地平台会与众多名人、品牌、IP 的合作来吸引眼球，拉动各个圈子的人了解并且进入元宇宙地产平台的同时，也让地产价格水涨船高。当然，这些合作也正如前面所说本来就可以带来商业使用价值的提升，但在短期市场盲目的追捧下也一定会产生溢价的成分。

4.2　元宇宙地产的一级交易市场

在现实的地产市场中，一级市场指的是土地使用权出让的市场。通常来说，土地一级市场是国家垄断的市场。政府通过土地供应计划和规划，对出让土地的建设规模、土地开发计划、土地的位置及面积、土地的使用要求作出规定并进行调控。同时也会将土地使用权按规划要求、投资计划及使用年限，出让给土地使用者或开发商。而与现实地产不同的是，元宇宙地产的一级交易市场主要是由元宇宙地产平台来主导，由平台方直接将土地卖给购买者，一般在一级交易市场中需要指明包括虚拟土地的销售地点、销售日期、销售方式、销售价格、销售数量、购买时可使用的代币种类等信息。买家在从一级市场购买虚拟土地后就拥有了虚拟土地全部的所有权以及开发权，买家可以选择对所持有的虚拟土地进行自由的交易，租赁或者开发。

4.2.1　The Sandbox的一级交易市场

销售地点： 在一级市场的虚拟土地销售期间，有兴趣购买虚拟土地的买家需要前往 The Sandbox 网站上的地图或 NFT 交易平台 Opensea 上购买。

销售时间： 具体的销售的日期平台方一般会在发行交易前几周公布。

销售方式： 大多数情况下，土地通常以"先到先得"的方式出售。土地的销售价格、销售数量以及销售时间是提前确定并且公布出来的，任何人都可以参与购买，售完即止。但有时一些特殊的地产类型，一般是多个虚拟土地的组合，将通过在 NFT 交易平台 Opensea 当中以拍卖的方式出售，出价最高者将获得地产。

销售价格： 如果是以"先到先得"的方式出售，土地具体的价格会在发售前确定下来并且在发售前公布。一般来说，土地的价格是由稀有度（普通与高级）决定的。如果在 Opensea 中是以拍卖的方式出售，最终的售卖价格是拍卖中的最高出价。

销售数量： The Sandbox LAND 的数量是有限的，一共是 166 464 个地块。根据图 4-5 可知，从 2020 年至 2021 年中 The Sandbox 公开发售的土地数量大约在 5% ～ 10%，但从 2021 年第三季度以来，公开销售土地的数量明显下降，每次公开发售的土地数量基本保持在 2% 左右。

支持代币： 在一级市场购买虚拟土地时，必须使用 The Sandbox 的原生代币 SAND 进行购买。

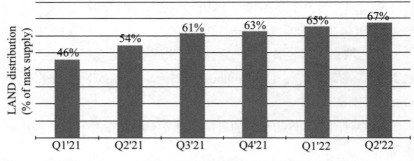

图 4-5　The Sandbox 已销售虚拟土地总量占比的季度变化

4.2.2　Decentraland的一级交易市场

销售地点： 在一级市场虚拟土地销售期间，有兴趣购买虚拟土地的买家需要前往 Decentraland 网站上参与拍卖。

销售时间： 一般会提前公示一段时间内的拍卖活动，之前进行过两次拍卖，在 2017 年 12 月至 2018 年 1 月进行了第一次拍卖，2018 年 12 月 10 日至 15 日进行了第二次拍卖。

销售方式： 第一次拍卖时，所有虚拟土地都采用英式拍卖的方式出售，即出价最高的买家获得土地；第二次拍卖时，所有虚拟土地都采用荷兰式拍卖的形式出售，也就是"降价拍卖"的方式，在最初设定一个最高价，然后价格以预定的速度逐渐降低，任何参与拍卖的人只要达到他们接受的价格时进行出价即可获得土地。

销售价格： 在第一次拍卖中，出售价格最高的土地为 582 090 MANA，出售价格最低的虚拟土地为 1000 MANA，大多数虚拟土地都以这个价格出售。在第二次拍卖中，虚拟土地以 200 000 MANA 的起始价格设置，然后，此价格将以非线性速率下降，如

图 4-6 所示：

在第一天，价格下跌 100 000 MANA。

在第二天，价格下跌 50 000 MANA。

从第三天到第八天，价格每天下降 5000 MANA。

从第九天到拍卖结束，价格将每天下降 3000 MANA，直到达到 1000 MANA 的最终价格。

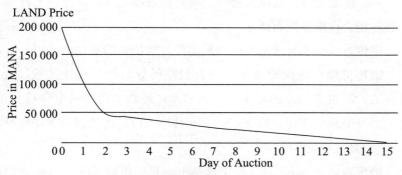

图 4-6　Decentraland 中第二次虚拟土地拍卖时的土地价格变化

销售数量： Decentraland 平台一共有 92 598 个虚拟地块，但是只有 43 689 个地块可被销售。其余的包括 33 886 个街区地块、9438 条道路、3588 个广场作为基础设施。Decentraland 在 2017 年年底的第一次拍卖中，总计拍出了 34 356 块虚拟土地，在 2018 年年底，第二次拍卖把剩余的 9331 块虚拟土地全部卖出。

支持代币： 在拍卖虚拟土地时，第一次拍卖仅支持使用 Decentraland 的原生代币 MANA 进行购买。在第二次拍卖时，除了原生代币 MANA 外，额外支持部分第三方代币如 DAI、MKR、ELF 等进行购买。

4.2.3　Voxels的一级交易市场

销售地点： 在一级市场虚拟土地销售期间，有兴趣购买虚拟土地的买家需要前往 NFT 交易市场 Opensea 上进行统一购买。

销售时间： 一级市场每周均会有新的虚拟地块推出，新地块开售时间是新西兰时间每周三上午 9 点，根据实际情况每周可能进行 1～3 次新地发售。具体发售时，推特会发布通知，如果没有计划出售，也会在推特发布通知。

销售方式： 所有虚拟地块都采用荷兰式拍卖的形式出售。

销售价格： 虚拟地块的价格会根据所处岛屿、所处区域、所处街道、距世界中心的距离、是否靠海；地块本身的信息包括长、宽、高等信息来决定。在 2022 年 10 月，一级市场的虚拟地块均价在 0.7ETH 左右。

销售数量： Voxels 原先设定虚拟土地是无限增发的。但在 2022 年年初，Voxels 团队对这一决定进行了修改，最终决定土地的上限为 70 000 块。每周具体发售拍卖的土地数量会提前公布。

支持代币： 在购买虚拟土地时，必须使用 ETH 进行购买。

4.2.4　Somnium Space的一级交易市场

销售地点： 截至 2022 年 11 月，Somnium Space 总共进行了 4 次土地发售，有兴趣购买虚拟土地的买家需要前往 NFT 交易市场 Opensea 上进行统一购买。不过值得注意的是，因为在 2021 年第三次拍卖发售时，Somnium Space 除了以太坊外还增加了对 Solana 的支持，所以感兴趣的用户也能在 Solana 区块链的 Holaplex 市场上进行购买。

　　销售时间：按照已经进行的发售数据，Somnium Space 基本会在每年的 10—12 月举行土地发售的活动，在发售前会在社交媒体上提前发布公告，发售活动通常会持续几周。

　　销售方式：在 4 次发售过程中，英式拍卖和荷兰式拍卖均有出现。在拍卖过程中还会举办一些限量或独家物品的发售活动，例如，在第三次的土地发售活动中与 VR Electronics Ltd 合作，为用户提供了 10 款限量版机型的全身触觉套装 Teslasuit，该设备的传感器具能够覆盖 95% 的人体肌肉，用于触觉、运动捕捉和生物特征数据捕捉，可以让用户沉浸式地体验 Somnium Space 中的土地上的各类场景。

　　销售价格：根据不同的地块面积、高度和深度分为小型、中型和大型地块三种标准类型的虚拟土地，发售价格有所区别，地块拍卖发售的起始价格一般不超过 1.5ETH。而除了标准的单个土地外还有组合地产，但发售数量少，且价格会远高于单个的土地。

　　销售数量：发售的地产数量会根据当次的发行计划灵活调整，最新的第四次发售活动中共拍卖了 100 个虚拟土地和 4 处组合地产。

　　支持代币：主要支持 ETH、CUBE 和 SOL 三种代币购买元宇宙地产。

4.3　元宇宙地产的二级交易市场

　　在现实的地产市场中，二级交易市场主要指的是土地使用者经过开发建设，将新建成的地产进行出售的市场，即地产首次进入流通领域进行交易而形成的市场。与此类似，在元宇宙地产的二级交易市场主要指的是在元宇宙地产项目方发售虚拟土地后，虚拟土地在买家内的流通，或者买家进行一定程度的开发后对依托于土地的地产进行流通的场所。当前，大多数虚拟土地的交易都是发生在二级交易市场内的。以 The Sandbox 为例，在 2022 年第二季度，一级市场虚拟土地销售额为 770 万美元，明显小于二级市场的销售额 2750 万美元，造成这一现象的主要原因有：

- **交易难度：**虽然一级市场的发售价格往往相对便宜，但完成交易非常具有挑战性，有非常多买家同时抢购这些新发行的土地。然而在一级市场内，项目方新发售的土地的数量又是非常有限的，一次只会释放出部分的土地进行售卖。因此，这些土地往往会在几秒钟内售罄，交易成功的概率非常低。并且，交易时的网络 GAS 费也会比平时高出不少。所以相较来说，二级市场内的交易就非常的简单和方便。买家可以在任意时间内进入二级市场进行交易。有充足的时间可以选择自己所购买地块的特征，如地理位置、大小、高度等，GAS 费还更低。

- **投机需求：**在元宇宙地产变得炙手可热后，市场上一部分投机的资金开始涌向元宇宙地产领域。然而，由于元宇宙地产一级市场的售卖时间以及数量是完全由项目方来决定的，就算买家持有资金也无法第一时间进行购买，因此，这些资金基本都流进了元宇宙地产的二级市场，虚拟地块的价格也因需求的增加而飙升，又会吸引更多的人加入，如此循环往复也就造就了二级市场的繁荣景象。

目前，主要的二级市场类型有 NFT 交易市场和元宇宙地产平台专属交易市场两种类型。

4.3.1　NFT交易市场

虽然许多 NFT 交易市场也会充当元宇宙地产平台一级发行的场所，但上面元宇宙地产 NFT 的主要活动还是以二级流通为主。目前，Opensea 是以太坊区块链网络上规模最大的 NFT 交易市场，能够交易包括数字艺术品、加密收藏品、游戏物品和其他建立在以太坊上的 NFT，因而也成为了最大的元宇宙地产交易平台之一，其以太坊 NFT 的交易额约占市场交易额的 98%。此外，Opensea 还具有使用门槛低、易用性佳、链上合约保障交易安全性等诸多优势，绝大多数的知名的元宇宙地产平台二级市场的交易会设置在 Opensea 上（图 4-7），需要注意的是，在交易过程中，Opensea 会收取 2.5% 的交易手续费。很多元宇宙地产项目方，如 The Sandbox、Voxels 等都会在项目的白皮书中直接附上 Opensea 中对应的购买链接。

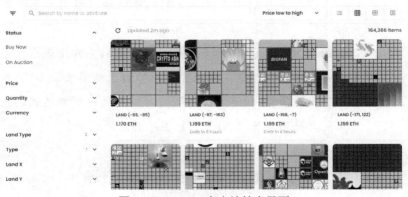

图 4-7　Opensea 上土地拍卖界面

除此之外，还有不少和 Opensea 类似的 NFT 交易平台，如

Looksrare 和 x2y2 等，也是买家在二级市场交易时可选择的平台。相较于 Opensea，这些平台虽然交易规模要逊色很多，但一般会有自己的优势，例如 Looksrare 和 x2y2 都是有自己的平台代币 look 和 X2Y2，它们会对在平台上交易的买家和卖家发放它们的平台代币进行奖励，并且交易手续费相对 Opensea 要更加低廉，Looksrare 和 x2y2 上分别为 2% 和 0.5%。虽然如此，目前绝大多数的 NFT 以及元宇宙地产的交易仍然发生在 Opensea 上主要的原因是：

- **具有先发优势**：Opensea 是在 2017 年年底所搭建的首个 NFT 交易平台，目前运营了 5 年多，在市场上已经积累了大量的声望和用户。Looksrare 和 x2y2 之类的平台很多都是在 2022 年才搭建的 NFT 交易平台。因此，一提到 NFT 交易平台，人们首先想到的就是 Opensea。大多数包括元宇宙地产平台在内的 Web3.0 项目方在它们官网或主流社交媒体上都是直接贴出 Opensea 的购买链接，当用户想要购买的时候，直接进入的就是 Opensea 的网站。

- **Opensea 相较于其他平台更加中心化，更容易做出规模**：平台内会有人工和仿冒品检测系统对平台上所售卖的 NFT 或元宇宙地产集合的真假进行审核，并且有快速下架的机制，防止用户买到盗版的 NFT 而损害了自己的利益。

4.3.2　元宇宙地产平台专属交易市场

一些元宇宙地产项目方除了将元宇宙地产 NFT 上架到 Opensea

等主流 NFT 交易市场外，也推出了自己平台专属的二级交易市场。如 Decentraland，在 2018 年 3 月推出了自己的交易平台。这个平台是一个使用以太坊智能合约构建的完全去中心化的应用程序，为买家和卖家提供完全无需信任的土地交易。并且，Decentraland 并不充当中间人，这意味着除了在以太坊区块链上进行的每笔交易运行所必需的 GAS 费之外，无需支付任何多余的手续费。此外，为了方便买家在选购土地时可以确定地块的位置和与道路、地区和广场的距离，Decentraland 项目方专门为此定制了完整的地图视图（图 4-8）。在此视图中，买家可以看到 Decentraland 中每个颜色编码的地块、道路、地区和广场的鸟瞰图。并且买家可以单击并拖动地图以四处移动、放大和缩小，或将光标悬停在地块上以查看其x、y 坐标位置和所有者。

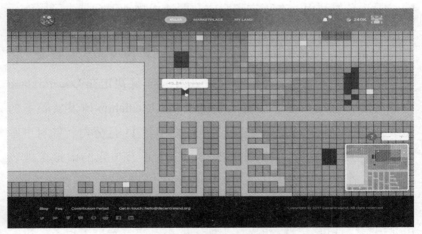

图 4-8　Decentraland 中的完整地图视图

4.4　元宇宙地产的租赁市场

4.4.1　元宇宙地产的租赁需求

元宇宙地产的租赁需求来自方方面面。从租赁服务的买方需求来看，许多元宇宙地产平台的地产价格较贵，对于普通人来说购置虚拟土地是一笔不菲的支出；而在机构层面，部分公司出于品牌宣传目的想参与元宇宙商业的开发，但受限于当地监管框架无法购买。而从租赁服务的卖方视角来看，持有虚拟土地的地主，可能只是以投资为目的购置土地，打算长期持有待地价上涨后伺机卖出，而非持有建造自用，所以土地可能在相当长的一段时间内是闲置的，无法有效利用。在买方和卖方共同需求推动下，催生了围绕元宇宙地产进行的各类租赁活动。

Mediahub 就是一个典型的元宇宙地产租赁活动的参与方。它是一家跨国媒体策划公司，他们在 2021 年年底决定在 Decentraland 中租用虚拟空间，而非购置元宇宙地产。Mediahub 研发实验室的高级副总裁西蒙·埃德蒙兹表示，在 2021 年 11 月公司就针对进军元宇宙展开了讨论，但是财务部对动辄上百万美元的虚拟土地表示担忧。在此背景之下，该公司开始考虑以租代购。埃德蒙兹称：“这个行业里也有中介，作为第三方，他们会把想要'租地'的用户介绍给土地持有者。相较'买地'成本，租金要低廉得多，每个月只需不到 400 美元，我们团队对此非常满意。”虽然 Mediahub 通过租赁并不拥有虚拟土地实际的产权，但拥有虚拟建筑的所有权和管理权，它们自己可以随意地开发和建造这块虚拟土地。

4.4.2　元宇宙地产租赁实现的难点

元宇宙地产的租赁目前还受限于诸多难点，市场暂未成熟，租赁更多的是以直接和元宇宙地产平台合作或点对点的私人交易撮合为主，主要体现在技术实施的问题上。从实施角度上来看，元宇宙地产租赁活动的主要表现形式是地主或合约将承租方添加到地块合作者列表里，这样承租方就可以在地块中进行操作，比如装修舞台、放置活动物料等等。如果添加合作者信息也会上链，那么就可以通过智能合约来处理出租方、合作者（承租方）状态以及之间的租赁业务；但是如果添加合作者信息这一操作并不具备上链的条件，如 Voxels 平台，那么智能合约的实现在技术上会非常有难度。

此外，如果仅仅是出租土地 NFT 所代表产权，将其与元宇宙地产平台内合作权分离的话，同样也会遇到问题。这是由智能合约和现实世界协议之间的固有差异造成的。在现实世界中，国家负责仲裁和执行协议，参与的各方都是众所周知的，而且由于可以重新谈判及取消协议，也具备了一定的灵活性，因此协议并非需要在一开始就考虑到所有可能出现的问题才能保证安全。通常情况下，协议双方都会诚恳地履行，未考虑到的问题交给中心化的司法系统来解决。但对于智能合约来说，一切规则在建立之前就需要写入合约，一旦写入就不能随意修改，无人可以干涉运行，这势必就让租赁这一需要长期履约、并且具有复杂终止和违约情形的经济形态难以被实现。目前，常见的 NFT 租赁技术方案主要有合约继承模型（EIP-2615）、抵押解决方案（reNFT）、使 NFT 具有双重角色的方案（EIP-4907）。截至 2022 年 11 月，The Sandbox 和 Voxels 均宣告要开发土地租赁功能，针对 Decentraland 平台的第三方租赁市场网站已有发布。

4.4.3 元宇宙地产的租赁协议

前面有提到，对于元宇宙地产的租赁市场来说，相比市场平台本身来说，更迫切需要的是可以支持完成租赁这一复杂经济场景的协议产品，即 LandWorks 和 Double Protocol。

1. LandWorks

LandWorks 是一个支持在以太坊中租借虚拟土地的去中心化协议（图 4-9）。截至 2022 年 11 月，该协议只支持租赁 Decentraland 和 Voxels。但后续团队有计划陆续拓展其他项目土地的租赁。通过 LandWorks，虚拟土地的拥有者可将土地变成生息资产来赚取被动收入。同时，正如前面提及的，这种虚拟土地租赁也改变了成本较大的购买和长期持有虚拟土地的模式，用户可以通过租用虚拟土地，来搭建自己所需的元宇宙商业场所。

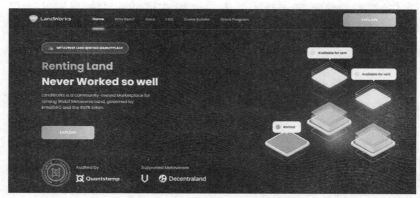

图 4-9　LandWorks 官网宣传图

当虚拟土地的持有者想要出租自己所拥有的虚拟土地时，就需要在 LandWorks 上上架他的虚拟土地，上架后，持有者的虚拟土地 NFT 就会从持有者那里转移到 LandWorks 的协议中。这时，LandWorks 协议就成为了虚拟土地 NFT 的所有者。同时，原本的土地持有人也会得到由 LandWorks 发放的另一个 NFT 的形式来代表持有人原本所持有的虚拟土地。虚拟土地使用者可以通过在 LandWorks 上租赁土地，获得土地的使用权，并在虚拟土地上进行建设或开发，而不需要实际拥有该土地。而土地的租金则会按照预先的设定定期支付给出租者，当租金发生支付事件时管理协议的 DAO 组织会抽取 3% 的手续费以支撑组织运作和协议的治理。此外，每次 NFT 发生转移的时候，应计和在市场销售期间未计的租金都会在销售前索取并支付给土地出租者。另外，一个有趣的设定是用户可以在 LandWorks 上租用自己的土地，这样做的目的主要是用于进行大规模的地产开发。当用户拥有一部分土地但需要更大规模的土地来支持大型建造项目的开发时，就可以同时租用自己的土地和相邻的土地来达到这一目的。

2. Double Protocol

Double Protocol 是一个在以太坊上的 NFT 租赁平台（图 4-10），目前已经支持了包括元宇宙地产在内的多种类型的 NFT 在 Decentraland 上借贷。Double Protocol 在 NFT 的租赁流程当中引入了两种新类型的 NFT，被称作 vNFT 和 doNFT。当 NFT 的借出者借出自己的 NFT 到 Double Protocol 协议时，他可以获得一个 vNFT，以表示对这个 NFT 的所有权。而借用这个 NFT 的租借者会获得一个 doNFT，代表收获了这个 NFT 的使用权和转租权。对

于元宇宙地产这种昂贵的 NFT 来说，租借者可以选择以分期付款
的方式支付租金。此外，为了节省交易所产生的 GAS 费，doNFT
还会引入持续时间这一特性，在租赁到期后，doNFT 会自动失效，
这样可以节省归还 NFT 所需要支付的费用。而对于借出者来说，
只要他们的 NFT 不在租借中，随时可以归还 vNFT 来赎回自己本
来的 NFT 资产。

图 4-10　Double Protocol 官网宣传图

第 5 章
元宇宙地产的建设与开发

"这些其他世界不是我们选择逃避的替代现实：它们更真实。它们是我们可以扩展、发展和改善我们的社会结构的空间。"

——Herman Narula

正如罗马不是一日建成的，一个元宇宙地产项目的开发完成也需要走过完整的流程。本章将探讨元宇宙地产建设与开发的相关内容，通过类比实体地产业，拆解地产项目建设与开发的全流程，总结并提炼元宇宙地产在建设与开发领域与实体地产业的异同，并思考元宇宙地产在建设和开发领域未来的机会和挑战。

5.1　元宇宙地产项目开发流程

在现实世界中，地产项目的开发流程大概可以分为四个阶段：投资管理阶段，规划方案及设计阶段，项目实施阶段，项目交付阶段。这四个环节环环相扣，覆盖了从确定开发到最终交付的全流程，较为清晰地展示了地产项目开发需要涉及的部门、单位和相关方，而元宇宙地产也与之类似，整体开发流程也可以划分出这四个阶段，但是在实操上会有非常大的区别。

5.1.1　投资管理阶段

对于实体地产来说，在投资管理阶段，拿地是整个流程的第一环节。对于一些涉及地区战略规划的项目，比如大型商场的开发，在地块正式开始拍卖之前，相关国有单位或者政府往往会对可以参与竞标的地产商进行条件的限制，比如是否具备大型商业综合体的开发经验等。相较于现实土地，虚拟土地由元宇宙平台发行而非政府或相关国有单位，并没有如此繁多的准入要求，只需要能购买虚拟土地所需的资金即可。不过，虽然门槛被降低了，流程也被精简了，但这并不意味着这个环节的重要性就降低了。如果说在实体地产开发中，拿地是决定能不能做这个项目，那么在元宇宙地产的开发中，拿地决定的是你能不能实现这个项目的商业价值。这里实现价值的关键就在于选址，而正因为如此，这一部分的分析将构成开发方案计划中的重要组成部分。

　　度过了拿地阶段后，实体地产项目一般会进入地产企业的内部流程审核。相关团队需要对该地产开发项目进行收益率的计算，并且通过决策人的批复。在完成投资批复并且确定了项目的基本开发节奏之后，需要联合所有相关部门确定该地产开发项目的计划并进行上报。整个项目的完成需要公司内各部门的配合，不同部门需要完成的工作内容也各不相同：

- 工程条线，需要同步相关时间节点，如结顶、竣备、交付、进大型设备的时间；
- 销售条线，需要确定展示开放的时间，开始买房/招商的时间等；
- 营销条线，需要确定户型、商铺特征，面向的客户群体等；
- 成本条线，需要汇报招标时间，成本控制计划等；
- 财务条线，需要汇报资金流回正的时间点等。

　　而对于元宇宙地产来说，因协作较为简单，一个人如果技能完备的话也能作为独立开发商的角色。即便是机构开发，也并不需要如此繁复的开发流程。关键在于回答好三个问题：建什么？在哪建？怎么建？

- **建什么——商业用途**：在实体地产中，这个问题似乎略显多余，商业用途是显而易见的并且大概率在拿地前就已经确定好，但在元宇宙中，元宇宙地产运作所服务于商业用途却并非那么好想明白，不同的主体会有不同的商业目的，这也决定了元宇宙地产的商业用途。
- **在哪建——选址分析**：前文有提到，地块的平台选择和平台内位置确定都会对流量产生深远的影响，进而影响地产的商业价值，这对于经营元宇宙商业十分重要。所以需要从平台角度和虚拟地块角度分别进行选址分析。

- **怎么建——承建对象：** 根据可支配的预算、预计的工期和需要的效果质量可以采用自建或外包的方式。

在回答完上述三个问题后，便可以确定此次开发的大致投入，并根据预期产生的收益计算了，相较于传统地产的开发，这一过程是后置的。

5.1.2　规划方案及设计阶段

在项目规划及方案设计阶段，对于实体地产业来说，其主要的工作内容是进行招标，包括对设计单位的招标、方案单位的招标、施工图单位的招标，等等。在进行完招标后，还需要进行复杂的审核流程和许可证的申请，待这些流程完成之后才会开始项目建设方案和设计工作。

对于元宇宙地产项目来说情况则不同。由于元宇宙地产不具备实体性，且行业目前处于发展初期阶段，业内并没有完整的监管机构和审核体系，因此，在该阶段只需要由设计师和建模师提出元宇宙地产及附着物的设计方案即可。具体而言，在该阶段设计师和建模师需要完成概念设计、素材模型设计以及商业互动设计三个部分的内容。

5.1.3　项目施工阶段

对于实体地产来说，这个阶段所涉及工作内容的复杂性相对较低，按照方案规划和设计阶段的安排开展施工即可。对于元宇宙地产，基本也是类似的，需要根据之前在方案规划和设计阶段的安排，展开施工执行。在这个阶段，建模师会使用元宇宙平台内置编辑器或专业的建模软件，根据设计方案进行建模和素材组装，之后，根据元宇宙平台的技术要求来进行减面优化；如果该地产项目内有商业交互体验的设计，也需要在此阶段完成代码的部署。

5.1.4　项目交付与营销阶段

对于传统地产，因为资金回款需求大、项目实施的周期长，所以在临近项目收尾进入交付阶段时就需要开展项目预售了，这也是整个地产开发项目进行现金流输入的开始。而当整体竣工后，需要从规划条线、质安条线等方面对开发成果进行验收。验收完成后，进入正式交付阶段，项目会移交物业管理。

在元宇宙地产领域，基本不涉及地产本身的预售，而在项目的验收部分也并没有那么复杂，只需要简单确认方案细节是否全部落实，有没有不美观的地方和用户体验不佳的地方即可。对于元宇宙地产项目来说，交付阶段的关键其实在于地产项目的商业化实施。根据该元宇宙地产项目在投资管理阶段的计划，无论地产项目的商业模式是租赁还是出售，抑或是自建自营，都需要在该阶段完成商业的部署。同时，相关营销工作和社区运营也需要启动，如果涉及NFT产品，还需要对NFT整体市场情况展开研究，以确定合适的上架时间及售价。

5.2　元宇宙地产项目的投资管理

5.2.1　元宇宙地产商业用途的确定

在投资管理阶段，首先需要确定元宇宙地产在后续元宇宙商业布局当中的主要用途，而这一商业用途的确定与开发主体的商业目的是息息相关的。大致上这些目的可以划分为三类：

- **品牌营销目的**："元宇宙"作为新兴的热门概念，品牌希望通过利用元宇宙地产打造品牌空间，让用户在沉浸式的体验中加深品牌印象，促进品牌传播。而对于商业用途的设计，关键在于构想和品牌气质相符、能够促进品牌传播的商业体。

- **商业经营目的**：以"元宇宙地产"为基础设施，在元宇宙中开展商业经营，这种商业经营有可能是完全"元宇宙化"的，也可能是用于赋能线下销售的。在商业用途方面，需要想清楚如何设计商业模式才能更好地利用元宇宙环境的独特优势赋能业务。

- **投资目的**：希望通过"元宇宙地产"的长期持有和运作管理，等待资产升值后售出，获取财务回报。关注的方面主要聚焦于以什么形式运作地产才能获得最高的资金利用效率和潜在回报。

在明晰商业目的之后，对于商业用途的构思一般需要包含至少四方面的信息：商业领域、商业体形态、商业活动及商业回报。商业领域在第 3 章有详细的介绍，常见领域包括元宇宙零售、元宇宙文旅、元宇宙娱乐等，而领域选定后就可以考虑构建门店、购物中心、展馆等各种形式的商业体形态，并构思用户产生交互的商业活动了。对于品牌营销目的和商业经营目的的开发商来说，商业领域的选择、商业体的形态及商业活动的构想通常都会与开发商自己在现实世界的品牌形象和业务逻辑相关联，以从商业角度产生虚拟世界与现实世界更强的协同效应。最终，需要明确开发商自身从该项目上的预期回报性质，是品牌传播、客户获取还是直接的现金收益等，不同的回报性质在度量产出时的指标各不一样，进而影响整体阶段最后 IRR 的计算。

5.2.2　元宇宙地产选址分析

1. 元宇宙地产平台选址分析

前面章节有提到，在元宇宙地产平台的选择上，流量是实现商业价值的重要因素，这自然也构成了开发角度选址的重要依据。不过，值得注意的是，在选取流量指标时，需要确定理想的数据口径。一个典型例子是，我们常常用"活跃用户数"作为衡量平台聚集流量的重要指标，但对于如何定义一次"活跃"行为，各个平台统计的口径不一，如果并不了解数据统计口径背后的意义，可能会对开发计划造成重大的误导。例如，2022 年 10 月，一则报道火遍全网，大意是说，根据 DappRadar 上的公开数据，Decentraland 仅有 38 个日活跃用户，The Sandbox 为 522 个，但它们的估值都超过 10 亿美元。如果盲目采信这一数据可能会对这两个平台上元宇宙地产项目的开发持极端悲观的态度，但如果详细了解 DappRadar 的统计口径就可以知道，这里的活跃的定义是与应用产生一次智能合约的交互行为，而如果只是希望用户的访问流量则该数据就明显乐观了许多。该新闻出现后 The Sandbox 的拥有者、Animoca Brands 的联合创始人 Yat Siu 表示：The Sandbox 仍表现量化，按照正常访问口径的用户月活跃量超过 20 万。因此，在比较平台流量时需要注意选择合适口径的指标数据。

　　除了流量外，平台本身的地产交易情况也十分重要，因为部分地产还涉及商业运作后的出售工作，尤其以投资目的出发进行的地产开发更为典型。但因为地产的投资运作周期很长，仅仅通过短周期内与合约交互的用户活跃数据作为参照会失之偏颇，还需要结合一些存量的交易数据细致比较。Blockchain Research Lab 采集了 2022 年 7 月 Opensea 上各元宇宙地产相关平台 NFT 的交易情况（图 5-1），虽然 Opensea 的数据无法完全涵盖所有的地产市场，但这一数据仍然具有较高参考价值，在进行元宇宙地产项目开发前也可以用类似的方法展开分析。

	All-time sales in ETH	All-time sales in million USD	Number of owners	Number of items	Floor price per item in USD	Implied minimum valuation in million USD
The Sandbox	172,400	204.45	21,500	159,000	2,609	414.84
Otherside	314,900	373.45	35,100	100,000	3,368	336.80
Decentraland	241,700	286.64	7,400	97,600	2,751	268.53
NFT Worlds	46,800	55.50	780*	10,000	4,056	40.56
Treeverse Plots	15,000	17.79	3,500	10,400	1,376	14.31
Voxels	25,100	29.77	2,400	7,900	1,020	8.06
Worldwide Webb Land	24,800	29.41	4,500	9,500	617	5.86
Netvrk Land	4,700	5.57	3,200	10,200	451	4.60
Somnium Space VR	26,900	31.90	4,600	5,800	534	3.10
Arcade Land	18,200	21.58	5,400	10,000	249	2.49
Matrixworld	2,200	2.61	1,000	1,800	510	0.92

图 5-1　2022 年 7 月 Opensea 上各元宇宙地产相关平台 NFT 的交易情况

除了上述因素外，还有一个重要的因素是平台本身在外界的讨论热度，这些外界流量对于抱有品牌传播目的的开发商尤为重要。搜索指数、社交媒体账号数据、与知名项目方或明星的合作新闻数据等都可以成为主要评判指标。

2. 虚拟地块选址分析

在第4章提到，地块大小、地产位置、地块属性、基础设施是构成虚拟地块使用价值的4个主要因素，因而在虚拟地块维度的选址分析上也需要从这4个角度展开分析，最终选择合适的地块进行购地或者租地。

在地块大小方面，主要是根据之前商业体需要的地块范围划定一个区间，并非越大越好或越小越好。如果选择面积过大，购置土地所付出的成本也可能会大大增加。而如果土地面积过小，则可能不满足商业体的建设条件。此外，因为不同位置分布的土地面积大小各不相同，如果限定过窄的一种尺寸可能会影响位置的选择，所以建议划定一个合适的可接受的区间，当然，有些平台内在大小上的选项十分有限，这种情况直接划去不合适的面积选项即可。

而对于地产位置，根据前文提到的流量逻辑，位于元宇宙地产平台路口等交通要道以及邻近知名品牌方、明星、KOL等的地块具有更高的使用价值，但在实际开发选址实操上，情况可能更复杂。一般来说，邻近知名地块的重要性要远远高于邻近交通要道的重要性，因为元宇宙平台的特殊特性，物理通路的阻碍有些时候可以通过地图传送或独立入口之类的方式去解决。而对于邻近知名地块的虚拟土地，虽然使用价值理论升高了，但同样价格也会更贵，这势必提高了开发的投入成本。根据 Blockchain

Research Lab 在 The Sandbox 中的抽样统计测算（图 5-2），大
部分知名品牌的邻近地块溢价可以达到 10% ～ 100%，尤其是像
Snoop Dogg 和 Steve Aoki 这样的知名 KOL，其附近地块的一家甚
至可以超过 100%。虽然 Blockchain Research Lab 在报告中也提到
其统计方式存在局限，但是也不失为权衡流量与购地成本的重要依
据。不过，有些时候，开发元宇宙地产的品牌方自身可能就是流量
的来源和地价上涨的原因。

	Base price of LAND	Price premium attributed to proximity to the ESTATE				
		≤ 5	≤ 10	≤ 20	≤ 50	≤ 100
Atari (24 x 24)	$6,766	$7,810	$5,751	$2,164	$864	$814
Atari (12 x 12)	$6,780	$4,787	$2,045	$567	$239	$182
Care Bears	$6,903	$201	-$229	-$235	-$572	-$293
Binance (North west)	$6,913	-$1,607	-$1,377	-$1,766	$529	-$262
Binance (South east)	$6,910	$404	$379	-$400	-$624	-$366
Coinmarketcap	$7,043	$692	$19	-$135	-$324	-$396
Smurfs	$7,039	$1,609	$384	$308	$55	$829
Pranksy	$7,186	-$1,758	-$1,148	-$1,162	-$257	-$193
Gemini	$7,758	$2,345	$1,367	$1,514	$748	$256
Bored Apes Yacht Club	$7,789	$8,126	$1,486	$229	-$1,165	-$1,905
South China Morning Post	$8,283	$567	$951	$240	-$1,170	-$1,509
The Walking Dead	$8,802	$2,750	$1,063	-$308	$321	$1,529
deaudmau5	$9,886	$3,776	$1,391	$2,058	$266	-595
adidas Originals	$11,199	-	$5,118	$1,510	-$158	-$198
Snoop Dogg	$10,537	$25,509	$17,057	$11,428	$4,641	$2,621
Steve Aoki	$10,454	$17,223	$15,130	$10,950	$4,388	$2,599
Warner Music Group	$9,014	-	$10,168	$4,059	$175	$679
Ubisoft	$8,154	$147	$1,735	$150	-$271	-$232
Gucci	$8,086	$8,746	$9,030	$3,389	$4,825	$2,369

图 5-2　The Sandbox 中知名地块附近虚拟土地的溢价情况

而在地块属性和基础设施方面，则较为灵活了，一般结合元宇宙商业的具体需求进行安排即可。

5.2.3　元宇宙地产的承建对象

对于一些大型机构来说，可能本身就存在成熟的建模师和设计师，足以支撑元宇宙地产的开发与建设。即使并没有针对这种元宇宙场景的建模师和设计师，因为不少元宇宙地产平台都设置了低门槛的无代码工具，在很短的时间内就可以培养主体部分的建设人员。对于一些知名的入驻机构，元宇宙地产平台的项目方也会为这些入驻的机构提供一些必要的支持。在这样的情况下，机构方自身可能完全有能力胜任整个建设过程，而因为内部人员更加熟悉机构自身的需求，也不需要额外采买外部服务，可能在需求完善和投入成本上会有一定优势。此外，如果是具备设计建模能力的个人开发商，也可以选择自建的方式，这样并不需要付出额外的资金成本，个人建设也会更加灵活。

如果是缺乏专业人员的小型机构或者不具备设计建模能力的个人经营者，也可以选择采买一些专业的开发服务。这种服务可能是以机构形式来提供，也可能是以个人的形式来提供。

对于机构形式，目前有许多专业的元宇宙地产开发商机构。MetaEstate、Voxel Architects 就是典型的元宇宙地产开发机构。

1. MetaEstate

根据官网介绍（图 5-3），MetaEstate 成立于 2021 年 7 月，聚焦于通过获取优质资产、精准规划场地、打造精品建筑、引进知名 IP、开发使用场景、开展营销活动、提供物业管理服务，广泛开展以全球领先的虚拟空间项目为核心的业务。此外，MetaEstate 还布局有元宇宙地产运营、基金资产化、EstateFi 等新业务板块，旗下运营着 The Sandbox 上的公牛社区、中国城，Decentraland 上的 High Street 购物街等知名商业地产，及多个元宇宙平台超过 500 块的广告牌。因为这些丰富的地产资源，MetaEstate 还提供被称为 MetaFocus 的元宇宙营销服务，可以为客户提供元宇宙活动策划、广告投放、AMA 等品牌营销活动，帮助品牌方深度触达元宇宙用户，目前已成功为超过 60 家合作伙伴提供元宇宙营销服务。

图 5-3　MetaEstate 官网宣传图

2. Voxel Architects

Voxel Architects 是一家元宇宙原生数字建筑工作室（图 5-4）。成立于 2020 年，Voxel Architects 旨在通过开发涵盖不同建筑风格和艺术潮流的原始建筑和独特结构来创造身临其境的虚拟体验。该公司致力于设计和构建虚拟世界中的建筑和结构，帮助任何人或品牌在虚拟世界中建立数字形象。目前，Voxel Architects 已经开发了一百多个项目，合作方包括 Decentraland、The Sandbox、Somnium

Space、Voxels、Mona 等。Voxel Architects 提供的服务包括元宇宙建筑设计规划、3D 建模、Web3.0 开发、元宇宙 SDK 和 API 集成（含支付系统、资产交互、实时视频流或聊天界面和部署等）。

图 5-4　Voxel Architects 官网宣传图

5.2.4　预期收益率计算

在现实地产开发的投资中，最常用计算预期收益率的指标是内部收益率（Internal Rate of Return，IRR）和投资回报率（Return on Investment，ROI）。内部收益率 IRR 指的是资金流入现值总额与资金流出现值总额相等时的折现率。简单举例来说，如果一个地产项目一次性投入 100 万元建成了，5 年后卖掉一次性回款赚了 450 万元，这时 IRR 大概是 35%，这就等价于，如果投资 100 万元，每年都有 35% 的利息，并且每年都会利滚利地计算复利，100 万元投资的钱在 5 年之后值 450 万元。因为现实地产开发投资和回收资金的时间都比较长，所以较多使用这种动态考虑了资金时间价值的 IRR 指标。

而对于元宇宙地产项目来说，开发周期短、回款快，并且元宇宙地产的 NFT 交易相比于传统地产交易的流动性更好，收益来源复杂，使用计算简便的 ROI 也许更加合适，即 ROI ＝（投资现值－投资成本）/ 投资成本，表示到预期时间点时的总收益率。一般一个元宇宙地产项目的投入成本主要包含土地购买或租用成本、地块建设成本和其他运营成本。而投资的现值中，既包括元宇宙地产 NFT 在计算时间点的市场价值，也包括在该时间点前所有预期产生收益在此刻的价值总额。此外，因为部分元宇宙地产项目的商业目的可能包括品牌传播和客户获取，根据实际需要也可以将这些因素折算成现金后作为一种收益形式合并计算。例如，可以把相应的新增流量乘以平均流量获取成本来衡量品牌传播创造的价值，新增客户数乘以平均获客成本，得出元宇宙地产所带来的获客价值，将这部分价值一起纳入计算，获得更符合客观商业场景的预期收益率，更好地服务项目的投资管理。

5.3　元宇宙地产项目规划方案及设计

5.3.1　元宇宙地产项目的概念设计

在概念设计阶段，建设团队需要根据上一阶段构想的元宇宙商业发展需求，明确各建筑模型的详细结构，并形成对整体商业体的概念设计材料。一个优秀的元宇宙地产项目在概念设计阶段就要进行细致的对待。首先，需要对需求进行详细的分析，好的需求分析不能只聚焦于建筑的结构性需求，还需要结合具体的品牌理念、品牌气质、商业运作需求、主要客户群特征等多个方面综合考虑，并参考历史优秀的同类案例得出整体的规划。必要时，还需要进入目标的元宇宙平台展开实地考察。杰出的元宇宙地产项目绝不是 3D 模型的堆砌，而是人文、艺术、商业结合的完美结晶。在经过前期详尽的分析和调研后，就可以规划设计地产的平面和建筑外观，并形成方案的原型图及相关文本文件，这些文件可能包含元宇宙地产项目的背景故事、风格说明、交互功能设置等补充说明。

5.3.2　元宇宙地产项目的素材模型设计

在确认了大致概念设计方案后，就需要完成 3D 素材的设计，或者说 3D 资产的建模。在这一环节，设计和后续实施结合得会较为紧密，难以拆分。这个素材模型的设计过程也将分为多个步骤，包括设计草图、中模制作、高模制作、低模制作、UV 拆分、烘焙等，根据实际需求，也可加入模型骨骼制作绑定、动画制作等环节。

一般而言，模型师们会首先根据概念图、原画，在专业 3D 软件（如 Maya、blender、3DS MAX）中进行初步的模型制作，确定其大小、比例、位置关系等。这个阶段制作的模型，可以被理解为最终出品的"3D 草稿"。该阶段完成后，模型师会根据该"3D 草稿"制作高模，也就是精细程度极高的模型，通常此类模型的多边形面数会达到十几万甚至上百万，可以被理解为最终出品的最高标准。然而，由于其模型面数过高，带来的负荷过大，很难直接在引擎中使用。若想要在后续的体验建设中使用这些素材，就需要模型师制作低模。低模，即是面数较低的模型，如 10 000 面以下。经

过面数的精简和布线的优化，模型就可以被用于后续的游戏、体验
开发之中。在模型初步制作完成后，还需要进行 UV 拆分，像把一
个纸箱拆成六面一样，将模型展平，以便进行后续的贴图等操作。

　　此外，为了使得低模也拥有近似高模的视觉表现，模型师常常
需要借助法线贴图，使模型即使有着较低的面数，也能最大限度地
表现出表面的细节变化，而这一过程就叫作"烘焙"。再加上表现
色彩和光影的贴图后，素材模型就做好准备可以投入后续的体验搭
建中了。此后，施工团队需要将制作好的素材迁移到落地建设的元
宇宙平台之中，并作出相应的调整以适应不同平台的要求。当然，
如果市面上或者平台内存在符合要求的素材模型，也可以直接购买
素材进行加工或者直接使用平台内置素材。

　　不过，当前元宇宙地产平台中的素材模型都有一大特点，就是
相对面数很低，模型都比较粗糙。其原因在于：各平台希望引入更
多用户，因此会放宽对用户设备性能的要求，希望这些用户即便是
在网页端等场景下也能轻松访问元宇宙，这也就导致了平台无法支
持高精度的模型。所以，建设者在专业建模软件完成素材搭建后，
需要进行相当程度的减面优化等操作，才能够使其适配平台的要
求。整个过程下来，非常繁复，不过随着 AIGC 技术的逐渐发展，
后续 3D 素材模型的生成设计也许会异常简单。

5.3.3　元宇宙地产项目的商业互动设计

　　在 3D 素材模型准备完毕后，施工团队就将基于这些素材进行
商业互动元素的开发，而具体的开发方案的设计规划也十分重要。
在元宇宙地产平台中进行此类开发通常有两种形式的方案：其一，

基于游戏引擎的开发；其二，借助可视化编程语言进行无代码或者低代码开发。在第一种情况下，平台会开发相关 SDK 并提供给创作者，使其能够对 3D 素材进行编程和组合。而在第二种情况下，平台会将一些功能预先打包，比如将不同的基础代码封装成一个个"方块"，创作者就可以通过拖拽和排列这些"方块"实现编码的功能。根据商业互动所需要实现的效果、灵活性、开发周期等需求，可以选择最合适的开发方案。

5.4　元宇宙地产项目的建造实施

建造是元宇宙地产平台以及虚拟经济的基石，各大元宇宙地产平台都在发展专属于平台的创作工具，并不断寻求和主流建模生产软件的兼容。本小节将对主流平台内的建造实施方式进行简单的介绍。

5.4.1　The Sandbox中的建造

就像第 2 章中介绍的，The Sandbox 的建造实施工具主要有两种，分别是素材编辑器（VoxEdit）以及游戏制作器（Game Maker），都是免费开放给用户的。

1. VoxEdit

VoxEdit 是一个 3D 建模和动画程序，可以为 The Sandbox 创建各种 3D 素材模型，整体的功能主要分为 4 大部分：块编辑器、建模器、动画器、模板。

（1）块编辑器

在 The Sandbox 中，所有的地形都是由 1 立方米的方块组成，表面像素是 32×32×32 的尺寸。用户可以在块编辑器（图 5-5）中创建固体或者液体的方块，并在方块各个面上绘制不同材质的纹理，如草地、沥青、岩石、熔岩等。

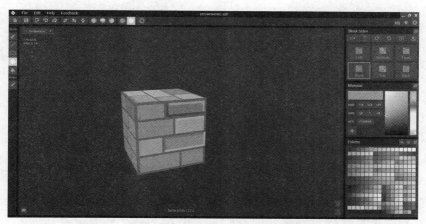

图 5-5　The Sandbox 中 VoxEdit 块编辑器的操作界面

（2）建模器

在建模器（图 5-6）中，建造者可以使用各种颜色的小方块来搭建模型。通过调整方块的颜色、位置、数量，借助工具内置的快捷功能，理论上建造者可以搭建出任何想要的模型，这些模型也将是构成 The Sandbox 世界的元素。简单模型实体之间的组合也可以构成更复杂的模型实体。

（3）动画器

动画器（图 5-7）可以将不同模型组合在一起并制作独特的动

画。对于单个模型，动画器可以为模型添加骨骼、碰撞体等。在完成之后，和为视频编辑增添时间轴、关键帧的过程十分类似，非常轻便地就可以让设置好的模型动起来。不过，要想让设置的动画变得自然、流畅，需要长期的学习和练习。

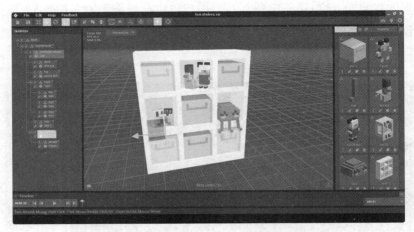

图 5-6　The Sandbox 中 VoxEdit 建模器的操作界面

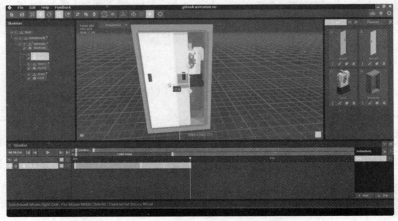

图 5-7　The Sandbox 中 VoxEdit 动画器的操作界面

（4）模板

为了方便建造者，在 VoxEdit 里还内置了丰富的模型模板素材（图 5-8），这些模板素材里不但预置了模型文件，并且也设置好了骨架和时间轴模板，建造者可以在这些已有的设置上进行调整。

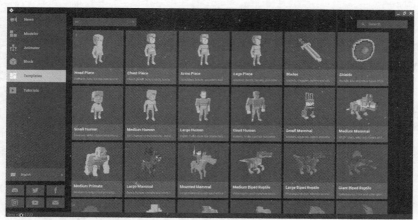

图 5-8　The Sandbox 中 VoxEdit 模板的操作界面

2. Game Maker

在 The Sandbox 中，VoxEdit 用于从零到一创造基本元素，而 Game Maker（图 5-9）则可以将这些元素自由地组合，加入逻辑、互动、剧情等，打造出无数优秀的沉浸式体验。

用户在完成素材编辑后，可以将拥有的素材模型在 Game Maker 中进行再次创作，编辑地形，添加音乐，生成虚拟形象，设计战斗、解谜、罗织剧情…… Game Maker 的功能非常强大，细致入微，足以支撑创作者们天马行空的想象。并且，用户无需为这些专业编辑功能写一行代码，就能像拼接乐高一样创造出引人入胜的游戏或是其他虚拟体验，而这些体验，将会填充 The Sandbox 世界，为之吸引来源源不断的玩家和创作者，投身虚拟生活、虚拟经济。同时，为了进一步便利用户的创造，The Sandbox 官方在 Game Maker 中同样预设了大量模板以供调用。

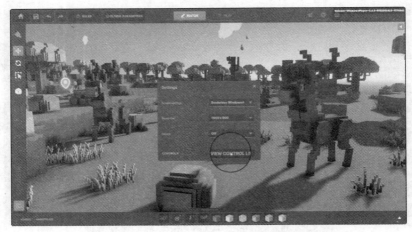

图 5-9　The Sandbox 中 Game Maker 的操作界面

5.4.2　Decentraland和Somnium Space中的建造

Decentraland 和 Somnium Space 的创作过程则有不少相似之处。不同于 The Sandbox 的全无代码编辑，这两个平台的搭建工具大略由一个无代码编辑器和一个 Unity SDK 构成。图 5-10 和图 5-11 分别是 Decentraland 和 Somnium Space 中的建造界面。在编辑器中，用户能够借助素材库，拖拽式地创作场景，并且改变其中各要素的属性，甚至上传图片、视频，等等。普通玩家，凭借这容易上手的工具，以及在虚拟世界创造中获得了相当的自由度。

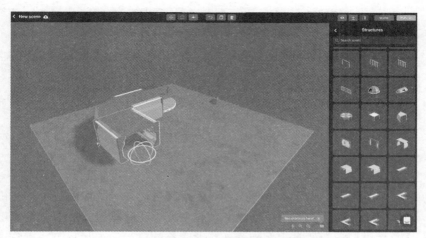

图 5-10　Decentraland 中无代码编辑器的建造界面

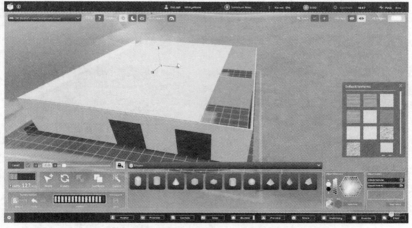

图 5-11　Somnium Space 中无代码编辑器的建造界面

　　然而，对于进阶的创作者，则可以使用 SDK 来实现外部模型上传，编码等等的复杂功能，在拓展内容生产潜力的同时，也为更高阶的创作带来了门槛。

5.4.3　Voxels中的建造

在 Voxels 中的无代码编辑器（图 5-12）与 The Sandbox 比较类似，最基本的元素就是一个个标准的方块，但并没有 VoxEdit 那么丰富的功能，虽然丧失了一部分灵活度，但却让入门搭建更容易上手了。Voxels 中的搭建体验与《Minecraft》类似，玩家可以通过摆放方块，调节它们的颜色、材质、位置、形状等，来建设自己的土地，同时也支持批量化的复制和摆放来提升搭建效率。而对于其他的模型和素材，采用类似的方式进行摆放即可，同时也能在菜单中修改与模型相关的基本属性参数，非常简便易学。但如果需要进行更加精细的建设调整，则需要在外部使用专业软件调整后再进行导入。此外，Voxels 内部允许运行 JavaScript 脚本代码去设置一些交互元素，虽然这可能带来了一些门槛，但整体还是简单易学的。

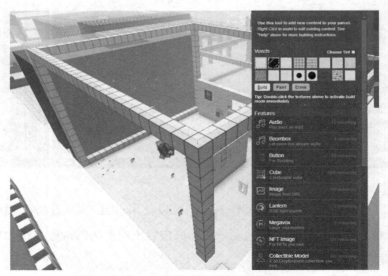

图 5-12　Voxels 中无代码编辑器的建造界面

5.5 元宇宙地产项目的交付与营销

前文有提到，元宇宙地产相对于现实商业地产来说，在交付阶段无需进行过多的验收工作，而是聚焦于营销准备相关的工作，但现实商业地产的一些营销经验仍然可以借鉴。在传统商业地产中，营销主要是三个层次：业主营销、招商营销和消费者营销，这三者其实与之前元宇宙地产开发的三大目的"投资目的""商业经营目的"和"品牌传播目的"有一定对应关系。

因为现实的地产开发项目经常会遇到现金流短缺的问题，为了缓解现金流，有时会出现商业地产分割销售的情况，这也就促进了业主营销的产生。举例来说，对于一些大型购物街项目，可能会将部分门面以零售的方式附带招商承租的承诺销售给个人或机构投资者。而对于元宇宙地产项目来说，这种营销形式更加接近于一种基于投资目的的元宇宙地产运营策略，在开发建设完整片地块区域、抬升地价后，吸引投资者来购买，以实现资金回款。这类营销其实与传统业主营销类似，既需要提供一定代运营服务的承诺，又需要构思具有充分想象空间的回报故事，来吸引买家。不过，相对于现实地产，元宇宙地产在这块对于买家的人数需求更少。

而除了业主营销之外，招商营销可能对于实体商业地产来说就是重中之重了，直接决定了商业地产开发的成败，与后期的消费者营销息息相关。如果无法在核心商铺招到有实力的品牌，直接会影响到后期商业体的整体流量。所以可以看到，许多商业地产开发早期，都会以较为优惠的条件将星巴克、肯德基、麦当劳、海底捞等等能够带来充足商业流量的知名品牌方邀请招商入驻。而对于元宇宙地产来说，招商营销可能就没有那么重要了，只有少量大型的购物中心项目才有这类需求。即便是购物中心，对于招商的质量一般也没有太过迫切的要求，元宇宙商业的生态才刚刚建立，大型的商业聚集地还较为稀少，只要能够招到一定数量的商家就足以吸引用户观光了。只有在元宇宙地产平台层面，才对招到高质量的商家有较高要求。

最后，也是直接影响流量与收入的消费者营销部分了，这一点在实体地产和元宇宙地产倒是出奇的统一，都需要极度重视，尤其是抱有"品牌传播"目的的地产开发者。"主题叙事""媒体报道""营销活动"这些在现实商业地产消费者营销的活动，在元宇宙地产领域同样适用，但在元宇宙地产的营销上，自身的产品和品牌社区中的营销工作会变得更加重要。现实中的地产开发商很难与消费者建立非常深度的链接，但在元宇宙中，彼此的联系可能会变得十分紧密。因此，需要注意利用好各类用户社区的宣传阵地，尤其是 Web3.0 属性的社区聚合地。

第 6 章

元宇宙地产基金

"在一个没有未开发的实体土地的世界，我们必须把注意力移向虚拟的产权。"

——Ryan Selkis

在过去的 30 年间，全球的实体地产业都得到了迅猛的发展，开发商和投资人在地产项目中受益颇丰，也随之诞生了许多以地产业为主要投资行业的基金机构。而元宇宙地产与传统地产又有诸多相似之处，当元宇宙时代来临之时，许多的基金机构自然也将投资目光转向了元宇宙当中的土地产权，元宇宙地产基金也随之诞生，本章节将对元宇宙地产基金进行详细的介绍。元宇宙地产投资相较于传统地产投资，风险极高，对元宇宙地产相关基金海外目前尚处于探索阶段，本章旨在科普现状和构想未来，让读者在了解行业机理的前提下明确元宇宙地产的风险性。

6.1　元宇宙地产基金的含义与特征

6.1.1　元宇宙地产基金的含义

在介绍元宇宙地产基金之前，首先需要对实体地产投资有一个基本的了解。实体地产投资的投资模式主要有"销售物业"和"持有物业"两种。

"销售物业"的投资模式常见于住宅地产的房地产开发商，它们在土地上进行房地产项目的开发，建好之后立刻卖掉，一次性赚取投资的收益。这样做的好处是可以更快速地回笼资金，但坏处也显然易见，让房地产的投资更加短视。对于房地产开发商来说，它们并不需要考虑土地承载物业的使用价值，只需要有人愿意购买就行。而卖出的资金又可以投入新的房地产项目的开发，并继续赚取收益。在这样的商业模式的诱导下，如果缺乏合理的监管，无视现实需求的击鼓传花便会愈演愈烈，而现实房价的抬升又会激起更多民众对房产的投资热情，进一步加剧房地产开发商的无序扩张，最终成为构成房地产泡沫的重要原因。这也是为什么这么多年，各国政府都在加强地产市场的监管，并纷纷提倡"房住不炒"了。

"持有地产"的投资模式则更常见于商业地产。投资方可以通过持有商场、酒店、写字楼等具有稳定现金流的资产来获得持有收益。除了具有持续性的租金收益，如果投资的地段良好，围绕投资地段生长出了繁荣的商业生态，投资方也可以享受物业资产升值带来的收益。长期的租金收益和升值空间都构成了"持有物业"的长期投资价值，相较于聚焦短期价值的"销售物业"，"持有物业"的模式也更容易被金融产品化，房地产投资信托基金（REITS）就是最典型的产品。REITS是将"持有物业"模式中的房地产证券化，通俗来讲，就是基金公司将想要投资地产的钱聚集在一块，购置地产后，按照大家的出钱比例发放权益凭证，根据持有权益凭证的数量就可以享受对应比例的租金与地产增值带来的分红收益。这样不仅降低了投资的门槛，人们还可以在市场上交易这些权益凭证，也增强了地产的流动性。并且，正因为所有人都是通过"持有物业"的方式进行投资的，所有地产都被真实地使用了，也一定程度上避免了金融泡沫的产生。

　　而对于元宇宙地产，其商业模式更接近于"持有物业"。区别于住宅这样的生存刚需，元宇宙内的需求则更加具有弹性，仅仅是不断创造虚拟土地及上面的物业设施很难实现直接的销售转化，投资价值有限。投资元宇宙地产的主要价值来自元宇宙商业布局的完善所带来的分红与升值。分红源于两个方面，元宇宙世界本身的机制设定和商业带来的现金流收入。一些元宇宙世界会在代币经济体系里设定，当持有一定比例的虚拟土地后，会定期享有代币的分红。而排除机制分红外，在虚拟土地上发展的各类商业也能为土地持有者带来租金分红。而元宇宙地产的升值也源自两个方面：商业流量和稀缺性。在商业流量方面，类似于现实中土地和地产项目会随着其所在区域的经济发展、配套完善而不断升值，元宇宙地产也具备类似的升值逻辑。实体地产升值的深层次原因是区域的人口流入，项目区域吸引了人们的注意力，区域性流量不断增加，人们的购买热情凸显了土地的稀缺性，进而造成价格上涨。而当人们希望在虚拟空间中沉浸式体验，开展各种社会活动，如办公、社交、游戏、展览等等，虚拟空间也就具备了庞大的流量，元宇宙地产也可能价值千金。而在稀缺性方面，虚拟土地与现实中的土地是一样的。虽然元宇宙平台上的土地理论上是无限大的，但元宇宙地产需要依托元宇宙平台的内容和社区来体现其价值。很多元宇宙平台在一开始就规定，虚拟土地的发行是有固定上限的，随着空闲虚拟土地数量的来源越少，虚拟土地及黄金地段的地产也会因稀缺性而升值。

既然元宇宙地产的投资与"持有物业"类似，虚拟土地及物业的数字产权又能通过 NFT 完成确权，那是不是可以像运作 REITS 那样，通过持有虚拟土地的 NFT 来享受分红和升值带来的长期收益呢？这也就推动了元宇宙地产基金的诞生，即以虚拟土地和承载的地产 NFT 为主要投资标的的基金机构。

6.1.2　元宇宙地产基金的特征

相较于单一项目制的元宇宙地产投资，元宇宙地产基金主要具备三大特征：投资标准化、组合分散化、风险透明化。

1. 投资标准化

单一的元宇宙地产项目投资通常遵循以下基本操作流程："合作谈判—项目论证—提出规模—确定价格—签署合约—制订计划—募集资金—发放贷款"的业务模式框架，其实质是以个案融资为核心，以信托计划为表象。看似流程标准化，但每个信托计划的内容都不可复制，投资人面对的也是内容各异的信托计划和千差万别的投资决策依据，需要对项目拥有系统了解和基本判断后才敢出手。

而元宇宙地产基金则采用的是基金标准化盲池基金的产品模式，重点设计和塑造标准化的信托产品系列。从项目导向型转化为产品导向型，通过打造适应一般投资者需求的信托产品品牌，使基金化的信托产品逐渐标准化、系列化、可复制化、可识别化和品牌化，从而提高运作效率，降低营销成本，拓宽市场范围，实现规模效益。为了实现这一点，元宇宙地产基金通常以标准化的投资业务模式运行：制定投资策略—设计基金化信托产品—打造营销品牌化产品—募集资金—组合运用资金。这样的业务模式，在设定好基本投资策略后，资金会投资于同一个领域的元宇宙地产项目组合。一般投资人只需要购买象征着投资领域和策略的基金产品就行，无需对单个项目有深入的了解。产品一段时间的收益会固化在产品的品牌中，为基金带来系列化和规模化的持久动力。

2. 组合分散化

单一元宇宙地产项目的融资型信托产品，其弊端是投向单一，风险高度集中，难以分散和化解。在这种模式下，元宇宙地产的投资既不具备规模性，又极端缺乏流动性，难以设计和形成风险与收益的相互轧抵机制。而基金化数字资产信托产品，则可以运用基金产品的设计原理和要素，在较大规模和较为充分的流动性设计的前提下，通过不同 NFT 项目、不同地区、不同 Metaverse 之间科学合理的投资组合，最大限度地分散投资风险，保证投资收益。合理组合投资的主要目的是有效规避投融资过程中有可能出现的各类市场风险、政策风险、信用风险以及人为不确定性风险等，在防范和规避各类风险的同时，达到以丰补歉、稳定收益的目的。典型的元宇宙地产基金的运作逻辑如图 6-1 所示，由基金管理公司和投资人共同将资金注入元宇宙地产基金，在资金端的运作和一般基金均类似，基金管理公司属于一般合伙人（General Partner，GP），负责基金的运营、管理和投资，而投资人则属于有限合伙人（Limited Partner，LP），仅负责提供资金。与一般的基金不同的是，在这一投资过程当中，加密货币钱包承担了特殊目的实体（Special Purpose Vehicle，SPV）的角色，用于接受数字资产组合并进行风险隔离。基金管理公司会根据整个基金的投资策略，通过加密货币钱包将资金分散投资到不同的虚拟土地和 NFT 的项目中以降低风险和获取相对稳定的收益。

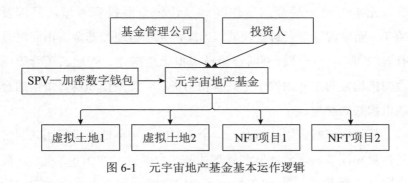

图 6-1　元宇宙地产基金基本运作逻辑

3. 风险透明化

风险透明化是投资风险主体的明晰化，避免出现预期收益概念或风险主体模糊的情况。在元宇宙地产基金的管理投资过程当中，因为公链上的交易信息具有公开透明的特点，根据加密数字钱包地址所对应的交易记录，投资人可以清晰地看到资金和资产的流动，更容易让投资过程中的潜在风险显性化。此外，相较于单一的元宇宙地产项目投资，基金化管理的元宇宙地产投资更易区分市场风险和基金产品固有风险的界限，明确预期收益与可能风险的产生源，避免投资者将二者简单而又缺乏逻辑地混淆在一起而产生误判与纠纷。

6.2　元宇宙地产基金的组成与架构

6.2.1　元宇宙地产基金的组成

元宇宙地产基金的运作既涉及传统金融投资领域，又涉及NFT、元宇宙等新兴科技领域。因此，元宇宙地产基金需由同时具有NFT数字资产分析判断经验及虚拟土地搭建、管理、运营等能力的机构发起，并由若干个具有相当资产管理规模和良好资信的金融机构共同参与。

而就内部基金团队而言，一个典型的元宇宙地产投资团队通常包括募集团队、运营团队和管理团队3个部分，如图6-2所示。募集团队主要负责制订NFT投资基金的募集计划并寻找有意向的投资者，这里的投资者既可以是高净值的个人用户，也可以是具有一定实力的机构用户。相较于传统基金的募集过程，元宇宙地产因其资产和交易媒介均存在于链上，流程会更加简便，再加之并非主流投资资产，资金管理规模会相对于传统基金偏小，这些都决定了募资团队的规模会远小于传统基金，募资团队结构也更加精简。管理团队通常是一家元宇宙地产基金的核心，对于基金的投资业绩具有重要的决定作用，一般包含投资组合经理、风险投资经理、投后管理经理、NFT市场分析师、法律顾问5类主要角色。

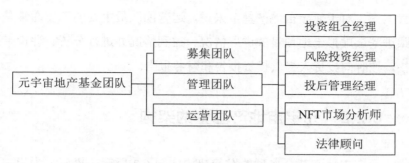

图 6-2　元宇宙地产团队组成

- **投资组合经理：** 主要负责投资元宇宙平台的分散，进行风险控制，保证资金在不同风险偏好平台的组合，确保风险与收益的平衡。

- **风险投资经理：** 主要负责对 NFT 发行前的项目考察、分析，在项目早期或在 NFT 铸造之前进行投资来获得项目的代币权益。

- **投后管理经理：** 主要负责运营、管理购入的虚拟土地，类似于现实世界房地产资产管理，通过合理化的运营来使虚拟土地尽可能多地提升其价值。

- **NFT 市场分析师：** 主要负责 NFT 市场项目分析工作，需要对海内外 NFT 市场有客观、专业的认识，准确把握不同NFT 产品的特质、历史、叙事等，对虚拟土地发展有一定判断能力。

- **法律顾问：** 主要负责确保基金运作是建立在合法合规的基础之上，由于元宇宙地产基金是以美元或代币结算，为了促进各项交易的顺利完成，整体交易过程会涉及大量的法律细节。

而运营团队则主要是负责协助管理团队落实基金的各项日常运

营工作。对于元宇宙地产基金来说，运营团队最主要的工作通常是跟进基金虚拟土地项目的进展情况、盈利情况并进行分析、评价审核，按时向投资人提供投资报告和财务报告。

6.2.2　元宇宙地产基金的架构

元宇宙地产基金典型的发行架构如图 6-3 所示。投资人为元宇宙地产基金提供资金并按照事先约定的条款注入资金后，由基金管理人（即基金管理机构）在一级、二级市场购买虚拟土地或其他NFT 资产，并对这些数字资产进行运营、管理、推广。管理人可以在细分领域更加专业的顾问公司帮助下对元宇宙地产基金所持有的土地进行合理运作，包括 NFT 资产规划、市场推广及拓展、虚拟土地租赁及销售等。与传统基金类似，管理人会针对自己提供的管

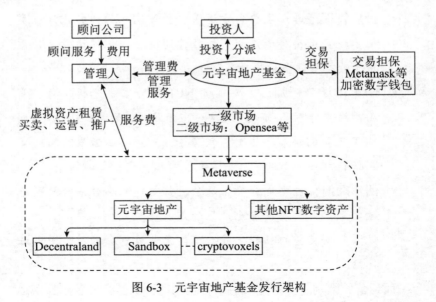

图 6-3　元宇宙地产基金发行架构

理服务收取一定的管理费用。交易担保通常由加密数字钱包来承担这一角色，根据资金托管的需要，既可能采用 Metamask 这类传统钱包的形式，也有可能采用智能合约钱包、MPC 钱包等涉及多方管理的钱包类型。

在整个发行架构中，管理人承担着基金经营所涉及的各项职能，主要包括：

- **数字资产的经营决策：** 包括策略规划、市场推广及发展、出租、增减持、出售等，并对元宇宙地产投资基金拟收购的虚拟土地进行考察分析，亦为元宇宙地产投资基金资产的价值提升出谋划策。
- **制订及落实投资管理计划：** 包括元宇宙地产或 NFT 数字资产投资基金的收购及出售策略、融资策略及整体管理策略等。
- **中后台管理：** 包括人力资源管理、行政支持及开发研究平台，基金会计等管理支持职能。
- **投资者关系与公共关系：** 既包括与基金单位持有人及 NFT 数字资产投资基金的其他重要股东的通信及联系，也负责为 NFT 数字资产投资基金编撰、编制年报及中期报告，以及广告、网站及其他市场推广等事项。

此外，就整个管理过程而言，整个元宇宙地产基金的架构本质上仍是一种信托基金，需要通过和受托人订立信托契约规范其权力及职责，主要包括如下三方面：

（1）在接到管理人的指示时，按照信托契约的规定，代表 NFT 数字资产投资基金收购虚拟土地或其他 NFT 项目。

（2）以信托形式代表基金单位持有人的利益持有存置资产，并监督管理人的活动，确保其遵守信托契约的规定。

（3）确保管理人进行的所有投资活动均符合 NFT 数字资产投资基金的投资目标及策略，并符合基金单位持有人的权益。

6.3　元宇宙地产基金的估值与退出

6.3.1　元宇宙地产基金的估值

元宇宙地产基金作为一个新生事物，暂未形成业界广泛认可的估值方法，但类比传统的商业地产投资的估值方法，可以得出成本法、比较法、静态收益法、动态收益法 4 种估值方法。

1. 成本法

成本法顾名思义就是根据项目的投入成本进行估值，其背后的逻辑是，投资者不会愿意支付比重新做出这个 NFT 资产的成本更高的代价来购买标的项目。基于这个逻辑，如果想通过成本法对元宇宙地产基金进行估值，就需要了解元宇宙地产的成本构成。每一个元宇宙地产项目都需要基于一个 Metaverse 平台，并由平台发布，用户可以通过一级市场以发行价买入或通过 Mint 的方式获取。因此，我们可以将元宇宙地产的成本做如下表达：

$$单位元宇宙地产成本=\frac{元宇宙平台研发费用}{土地发行数量}+发行价格+搭建成本$$

成本法适用于给没有可以参考的项目估值，也可以用于对具有独特性和唯一性的元宇宙地产项目进行估值。除此之外，成本法可以在一定程度上减少市场泡沫的影响，作为与其他估值方法对比的目标值。

然而，成本法的缺点是无法有效对元宇宙地产项目的未来收益和价值进行预测。随着技术水平的提高，Metaverse 开发成本和项目搭建成本都会有所降低，这也可能会成为影响成本法估值准确性的因素之一。

2. 比较法

比较法指的是用标的元宇宙地产项目与其他类似的项目进行比较，以类似项目的成交价格作为对标，并根据自身实际情况对价格进行调整得出的估值。那么，如何找到合适的"类似项目"就成为比较法的关键。

可以通过以下几个重要指标来判断：（1）与目标项目在同一 Metaverse 平台；（2）成交日期在一周之内；（3）虚拟土地的自身条件是否接近。自身条件可以包括客流总量、附近是否有名人或大公司的虚拟土地、是否与金融市场有关联以及虚拟土地上附属的 NFT 和游戏机制等。我们需要根据实际标的情况对估值进行调整，一般对比标的的数量应该控制在 3 ～ 5 个。

比较法适用于 Metaverse 平台机制相对简单，土地规划较为规整的项目。不适合复杂的已经完成搭建的项目，同样，比较法也不能判断项目未来的发展情况。

3. 静态收益法

在收益法的逻辑中，元宇宙地产的价值取决于投资者未来能从项目中获得多少收益，收益法就是通过对项目的预期收益进行折现来确定估值。

静态收益法计算过程分三步：

第一步，预计第一年的净营运收入 NOI（Net Operating Income）。

第二步，估计市场的资本化率 Cap Rate。

第三步，估值 $V = \dfrac{NOI_1}{Cap\ Rate}$。

这个方法的难点在于 NOI 和 Cap Rate 的估计是否符合市场和项目现状。为了尽可能准确地估计 NOI 和 Cap Rate，需要对 NOI 和 Cap Rate 的构成和影响因素进行分析。

（1）NOI 的确定及影响因素

类比传统地产投资中净营运收入 NOI 中的计算逻辑，可以得到：

净营运收入 NOI = 总营运收入 − 总营运支出

而元宇宙地产的收入构成主要是租金收入和虚拟土地开发所获得的溢价，所以可以分别拆解这两块的收入构成来确定影响 NOI 的主要因素，如图 6-4 所示。

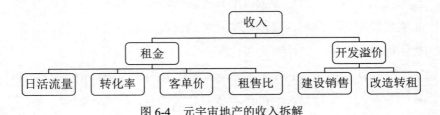

图 6-4　元宇宙地产的收入拆解

对于租金收入，类比传统房地产投资可以得到：

租金收入 = 日活流量 × 转化率 × 客单价 × 租售比

例如，某一元宇宙地产项目日活流量 1 亿，30% 在上面产生了购物行为（转化率），客单价为 50 元，租售比 20%，就可以得到 3 亿元的元宇宙地产租金收入。这些拆解的指标通常会受到宏观政策、Metaverse 平台热度、土地位置条件等因素的影响。而开发溢价也可以用相似的思路类比传统地产，影响溢价的因素主要在于自身的开发建设水平和运营管理能力，因而我们可以得到 5 个影响 NOI 的主要因素：宏观政策、Metaverse 平台热度、位置及环境、资产管理水平和开发搭建能力。

而对于元宇宙地产的支出拆解也与收入类似，如图 6-5 所示，主要包含虚拟土地成本和开发成本。开发成本主要包括设计成本、建造成本、运营成本、管理费用。影响虚拟土地成本因素主要是宏观政策、Metaverse 平台属性和土地自身条件，而影响开发成本的主要因素是团队能力。

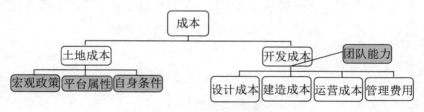

图 6-5　元宇宙地产的成本拆解

（2）Cap Rate 的确定及影响因素

对于元宇宙地产来说，Cap Rate 的影响因素主要有三个：基础利率、代币质押年收益率和项目风险成本，因而可以得到以下基本公式：

Cap Rate= 基础利率 + 代币质押年收益率 + 项目风险成本

对于基础利率，在传统地产投资中，因为国债被普遍认定为零风险资产，所以经常使用 10 年期国债利率来作为基础利率计算

Cap Rate。但元宇宙地产投资的风险高于国债，Cap Rate 理论上应该比国债利率要高。不过，二者的利率波动是相关联的，国债利率的波动也会导致 Cap Rate 的波动进而导致估值变化。例如，宽松的货币政策使得长期利率偏低，市场的 Cap Rate 处于低位，导致估值升高。而就第二项而言，现阶段公链质押的收益率一般在 10% ～ 15% 之间浮动，其影响因素主要是市场的供需关系。而对于最后一部分的项目风险成本，主要是用于对元宇宙地产项目的 Metaverse 平台及自身条件对 Cap Rate 进行控制。假如元宇宙地产项目由国民级应用发布，如推特等，可以将项目风险成本视作接近于 0。各项目需要根据平台规模、自身情况对项目风险进行判断。

综上，如果可以得到项目首年净营运收入 NOI，并且通过分析比较对资本化率 Cap Rate 进行相对准确的估计，那么静态收益法可以相对准确地计算出项目当前估值。但是不足之处在于无法考虑后续市场的变化，没有考虑从长期角度分析项目价值。

4. 动态收益法

为了体现元宇宙地产未来收益对项目估值的影响，进一步提升估值的准确率，可以引入动态收益法。即通过对元宇宙地产未来产生现金流收益的能力对项目进行估值。

回顾元宇宙地产估值的计算方法、估值，公式中的 NOI 为首年净营运收入，而实际上的净营运收入不是固定不变的，会有一个持续的增长。假设 NOI 的增长率为 g，基础利率为 r，那么项目估值可以表达为：

$$V = \frac{NOI_1}{(1+r)} + \frac{NOI_1(1+g)}{(1+r)^2} + \frac{NOI_1(1+g)^2}{(1+r)^3} + \cdots$$

根据等比数列求和公式推算可以得到:

$$V = \frac{NOI_1}{(r-g)}$$

即,资本化率 Cap Rate=r–g。通过该公式得出资本化率 Cap Rate 主要受两个因素直接影响:利率因素和项目未来的租金增长率。再考虑到静态收益法中提到的公链质押收益率和项目风险成本,可以得到 Cap Rate 的计算公式:

Cap Rate=r–g+ 公链质押收益率 + 项目风险成本

通过公式可以看出,在动态收益法中,未来的租金增长率 g 会对估值产生直接影响,而元宇宙地产的租金增长率受到宏观经济、宏观政策、Metaverse 平台热度等因素影响。如果该项目所在平台的游览体验不断升级,用户数量不断增长,元宇宙地产项目的租金增长率会相应提高,进而提高该项目估值。

6.3.2　元宇宙地产基金的退出

元宇宙地产基金的退出方式通常有三类:股权退出、币权退出和 NFT 二级市场交易退出。

股权退出和传统 VC/PE 等一级市场的退出方式一样,主要通过上市或并购的事件来促成退出。单纯投资虚拟土地的元宇宙地产基金并不常见,通常还会投资少量与元宇宙地产业相关的 Web3.0 项目。这些元宇宙地产项目公司会建立股权和币权的映射机制,所以股权退出也成为可行之道。海外最常见的股权和币权的映射形式是:SAFE+ Token Warrant/Side Letter[①]。SAFE(Simple Agreement for Future

---

① 参见《Web3.0 投融资 & 监管合规 · 完全手册》。

Equity）由美国著名创业加速器 Y Combinator 于 2013 年创立，投资人并非在认购 SAFE 时获得股权，而是在公司发生股权融资时，投资人可要求公司将 SAFE 转为投资人在本轮股权融资中发行的优先股。而 SAFE + Token Warrant/ Side Letter 就是在 SAFE 的基础上，还将向投资人发行一份 Token Warrant 或 Side Letter，即在公司及关联方发行代币时，免费或按一定价格折扣获得代币。

而对于币权退出，只要元宇宙地产项目存在代币发行，在发生二级流通之后，均可以进行退出。发生二级流通的常见方式有首次代币发行（Initial Coin Offering，ICO）、首次去中心化交易所发行（Initial DEX Offering，IDO）、首次交易发行（Initial Exchange Offering，IEO）、证券型通证发行（Security Token Offering，STO）等。但因过去法律法规的不完善，过去币权的二级市场流通产生了大量风险性事件，目前各国政府正抓紧相关政策及法律法规的制定，增强该领域的监管工作。

对于 NFT 二级市场交易退出，可以直接将投资的 NFT 资产在 Opensea 之类的二级交易平台进行售卖来实现退出。但因为 NFT 非同质化的特点，其二级市场类似于文玩交易市场，资产的流动性并不强，非热门项目的资产很难实现快速的售卖和退出。目前，市场上诞生了诸如 SudoSwap 等的 NFT 流动性解决方案，通过将 NFT 碎片化以及建立 NFT 自动做市商（Automated Market Maker，AMM）机制，大大提高了 NFT 资产的流动性，也为这类退出方式带来更广阔的前景。

而在基金退出方式的选择上，通常会与元宇宙地产基金的性质息息相关。根据元宇宙地产基金的赎回方式可将其分为封闭式和开放式两类。开放式元宇宙地产基金会不断发行新股份并将其销售给投资者，同时用经营收入购买额外的虚拟土地或 NFT 数字资产；而封闭式元宇宙地产基金在发行原始股份和购买 NFT 资产之后，则不再发行新的股份，现存股份的价值完全取决于 NFT 资产组合的经营业绩。对于封闭式基金，退出的形式三者可以更灵活地调整，而对于开放式基金来说，因为承兑的压力存在，NFT 二级市场的退出方式可能会成为主要退出方式。

　　不过，目前 NFT 资产管理仍处于非常早期的阶段，管理水平和资本市场的成熟度较低的情况下，整体的基金类型以封闭式基金的类型为主，很难见到开放式元宇宙地产基金。主要原因是：元宇宙地产基金在当前发展的基础，是不成熟的 NFT 数字资产一级市场和不规范的二级交易市场，市场波动较大。NFT 市场的高波动性必将波及元宇宙地产基金市场，而基金的波动，又会加剧投资人的恐慌情绪，增加管理人的管理压力，导致错误动作，进而形成恶性循环。并且，NFT 数字资产投资是一种长期性投资，需要不断投入资金，封闭式基金的特点有利于 NFT 项目的长期投资。权益型的投资项目周期一般较长，且需较强的稳定性，投资组合不会受到很大影响，而且开放式基金在发行新股时，必须对现存资产进行评估以确定股价，多次评估又比较困难。考虑到元宇宙地产基金投资对象流动性一般、波动风险大等特点，封闭式元宇宙地产基金更适合目前的发展状况。根据 NFT 项目的投资回收期长短，封闭时间通常会定为 1 ～ 2 年。为了增强投资基金的流动性，基金一般在发行完毕后封闭，基金受益凭证可以在相关的二级市场流通，这样投资基金就同时具备了长期性和流动性的优点。但随着资本市场的发展和完善，更活跃的二级市场将会大量建立，此时相信也会出现较多开放式的元宇宙地产基金。

6.4　元宇宙地产基金案例

6.4.1　传统地产基金与元宇宙地产基金对比案例

本小节将参照传统地产基金的结构，展示元宇宙地产基金应如何设置基金架构[①]，从而为未来元宇宙地产基金领域的发展提供参考。

1. 易居中国和诺亚财富的地产母基金模式

房地产行业过度依赖信贷支持，可能会对整个金融系统带来潜在的威胁，因此很多房地产企业也在寻求多途径融资，地产基金的投融资模式也发展出新的方式——地产母基金。母基金其实并不是一个新的概念，但在 2012 年却是在地产界首次出现。2012 年 4 月中旬，易居中国、诺亚财富以及房地产行业 TOP50 的房地产开发商作为基石投资者，共同发起设立了 TOP50 地产母基金，推动地产融资模式由信贷支持为主转向地产基金支持为主。该支母基金由诺亚财富的全资子公司歌斐资产管理有限公司作为母基金普通合伙人进行管理，参与到该母基金的 TOP50 开发商包括万科、恒大、万通等知名地产公司。

该母基金的交易结构如图 6-6 所示：由 TOP50 房地产商作为 LP 认购基石基金份额，每份 7500 万元，最高不超过 2 亿元；易居中国旗下管理公司担任 GP，持有基金 1% 股份。认购完成后，基

---

① 参见《元宇宙虚拟地产基金研究白皮书》。

石基金将汇集全部的 Top50 房地产商的资金用于认购母基金 15 亿元的劣后级 LP 份额,诺亚财富负责向社会投资人募集认购不低于15 亿元的优先级 LP 份额,歌斐资产作为母基金 GP,持母基金 1%份额。母基金份额认购完成后将达到 30 亿元的规模,分别投资于子基金或设立项目公司开发 TOP50 房地产开发项目。按照母基金投资范围的要求,被母基金直接投资的项目公司或通过子基金间接投资的项目公司必须达到以下门槛:近 3 年平均资产负债率不高于80%;近 3 年平均销售额不低于 80 亿元;近 3 年平均净资产不低于 50 亿元(根据不同基金的风险偏好设定)。

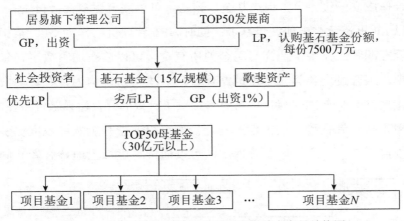

图 6-6 易居中国和诺亚财富的地产母基金交易结构图

基金投资获得收益后,将会进行两轮收益分配。第一轮首先分给全体 LP,其中优先分给社会投资者(优先级 LP),再分配给基石基金(劣后级 LP)和歌斐资产(GP),直至其积累分配所得都达到 12% 的年化收益率。第二轮分配会将可分配余额的 95% 分给有限合伙人,其中社会投资者和基石投资人的收益再按 3:7 的比例进行分配;可分配余额剩余的 5% 分给普通合伙人。基金分配结束后，基石基金将按照约定将大部分收益支付给投资的 TOP50 地产开发商。

该母基金的存续模式为 5+1+1 年，其中 3 年为投资期，投资方式有股权投资、债权投资或夹层投资，投资期内基金可重复投资。投资期届满后，可以通过出售项目子基金份额，出售项目公司股权资产，出售项目资产等多种方式退出并分配。5 年为投资退出封闭期，期满 5 年后投资人可以选择退出投资。

如果参照上述交易结构成立元宇宙地产基金，其结构如图 6-7 所示。元宇宙地产运营机构任 GP，虚拟土地或 NFT 所有者任 LP，合作成立一级元宇宙地产基金，该基金可以联合更多社会投资人，以 LP 出资元宇宙地产母基金；同时 NFT 管理机构作为 GP，承担管理职责。元宇宙地产母基金的所有资金可以放在加密数字钱包中，组合投资各类元宇宙地产项目。上述交易结构为持有较多数量虚拟土地或 NFT 资产的持有者提供了有效的开发建设融资路径，NFT 持有者认购元宇宙地产基金份额可以随着基金发展获取更多收益。元宇宙地产运营管理团队可以通过与虚拟土地持有者共同

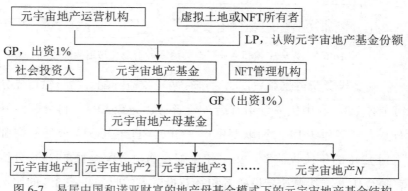

图 6-7　易居中国和诺亚财富的地产母基金模式下的元宇宙地产基金结构

发起元宇宙地产基金，进行轻资产管理输出，减轻资产配置。基金成立后可以引入社会投资人扩大基金规模，与专业 NFT 管理机构合作，成立元宇宙地产母基金，在元宇宙地产和 NFT 市场进行投资，投资的 NFT 项目由专业 NFT 管理机构进行管理。此模式可以将元宇宙地产运营方、NFT 持有者、社会投资人、NFT 管理机构关联在一起，共同建设、管理基金，并获取收益。

2. 中城投资平行基金模式

现实中由于管理团队精力和外部投资机会有限，同一管理团队同时管理两个以上基金就可能会出现矛盾冲突问题，为了解决这一问题，管理团队会对同时期的各基金实施平行投资策略，合理分配投资机会，这就是平行基金模式。平行基金指多个基金共用一个基金合同，共同投资相同的项目，中城投资就采取了这一模式，其交易结构如图 6-8 所示。中城投资管理团队设立了一家有限责任公司"天津中城基业"作为 GP，与上海中城联盟作为 LP 设立有限合伙企业"天津赋比兴基金"。"天津赋比兴基金"作为 GP 与募集而来的各 LP 分别成立"中城乾盈基金""中城坤盈基金""中城君盈基金""中城侪盈基金"等平行基金，共同投资于一个项目。其中，普通合伙人享有收益分配的权利，对债务承担无限连带责任；执行事务合伙人、基金管理人有权执行合伙事务、管理基金运作，同时通过公司项目投资风险控制体系控制、减少、管理风险。

在这一模式中，天津赋比兴担任 GP 的基金其风险有限，主要原因除了所有基金的设立及运作均依法和合规，并且遵守基金的投资策略与运作规则以外，还包括所有基金中 GP 均没有作出任何"保本或保收益"的承诺，并在基金募集时对 LP 充分揭示相关风险。此外，基金业务仅为对外进行项目投资，不存在分级收益等结构化安排，亦不存在利用杠杆或其他结构化的方式进行融资的情形，因此，天津赋比兴作为基金管理人承担无限连带责任的可能性极小。

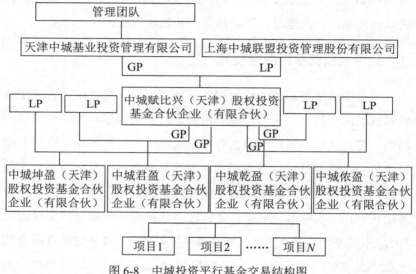

图6-8　中城投资平行基金交易结构图

　　如果参照上述交易结构成立元宇宙地产基金，其结构如图6-9所示。NFT管理团队可以设立一个NFT数字资产管理机构，作为GP加入一个元宇宙地产或NFT数字资产基金，其他金融机构或社会投资人作为LP加入基金。该基金又可以作为GP与募集而来的各LP分别成立各平行专项基金，通过设立不同的SPV—加密数字钱包关联投资元宇宙地产项目或其他NFT项目。这种交易结构的优势是由专业的NFT数字资产管理团队直接进行融资，成立元宇宙地产母基金，再根据市场需要，针对每个意向NFT投资项目成立专项基金。模式更加灵活，更能适应NFT市场的变化，更具自主性和独立性，也便于基金管理团队快速、有效地调整投资策略。

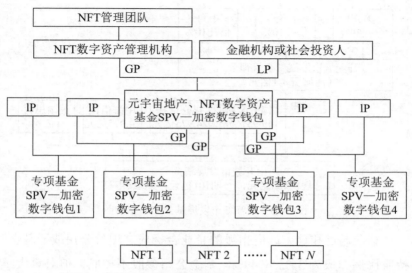

图 6-9　中城投资平行基金模式下的元宇宙地产基金结构

3. 国开城市发展基金模式

国开城市发展基金是由国开金融有限责任公司（国家开发银行全资子公司）、昆仑信托（主要股东为中石油集团）和中海信托（股东为中国海洋石油和中信集团）共同设立，主要投资于土地整理，配套基础设施建设项目，是中国城市化发展进程中第一支城市发展基金。在这一模式中，三者共同设立的开元城市发展基金管理公司为 GP，出资 1000 万元，承担运营管理的职责；国开金融以自有资金与昆仑信托和中海信托作为 LP，以信托资金出资基金；国开金融承诺 49.95 亿元资金作为劣后退出。基金总规模 500 亿元，其中一期规模 101 亿元，期限 8 年。昆仑信托与中海信托发起的信托产品为国开城市发展基金集合资金信托计划，信托规模不超过

49.95 亿元，信托期限为 6+2。其交易结构如图 6-10 所示。

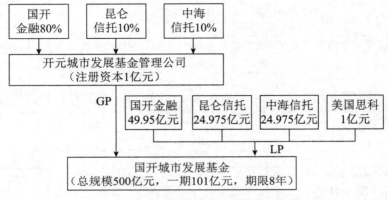

图 6-10　国开城市发展基金交易架构图

　　基金通过和地方政府指派的企业合资成立项目公司或子基金，持股比例一般为 35% ～ 49%，基金公司参股不控股，但对重大事项具有一票否决权。项目公司或子基金主要对城市发展新区新增建设用地进行投资，参与区域规划，并通过土地增值收益的全部或部分返还，实现盈利。其基本盈利模式为"保底收益"加"土地出让净收益分成"，其中"保底收益"指国开城市发展基金将与合作伙伴约定最低收益保障机制，保证年收益率不低于投资额的 12%；"土地出让净收益分成"是该基金项目的主要盈利点，指基金要求地方政府承诺，土地一级开发通过招拍挂出让后，将所得净收益全额或部分（不低于五成）返还给项目公司。

　　基金投资后保底收益为 10% ～ 12%，若不足将由项目合作方进行补足，并且由于基金期的劣后退出安排，国开金融隐含保底义务。但同时，国开金融 LP 也相应享受超额利益倾斜分配，当基金的算术平均年收益率高于 16% 时，国开金融享受超过 16% 部分利益倾斜分配，超额部分国开金融 LP 享有 60%，信托 LP 享有 40%。
对于 GP 而言，收益分成则参照以下规则：

基金算术平均年收益率 ≤ 12% 时，GP 无收益分成；

12% < 基金算术平均年收益率 ≤ 18% 时，收益总额的 10% 为
GP 分成；

18% < 基金算术平均年收益率 ≤ 25% 时，收益总额的 15% 为
GP 分成；

基金算术平均年收益率 > 25% 时，收益总额的 20% 为 GP
分成。

如果参照上述交易结构成立元宇宙地产基金，其结构如图
6-11 所示。元宇宙地产投资机构可以和金融机构合作，成立一级
元宇宙地产基金，作为 GP，承担运营管理的职责；同时，该元宇
宙地产投资机构也可以投入其自有资金，并联合其他社会投资者，
作为 LP 出资基金。基金募集到的钱将会被放入数字加密钱包中，
分散投资到不同的虚拟土地和 NFT 的项目中以降低风险和获取
相对稳定的收益。上述交易结构使得元宇宙地产及 NFT 数字资

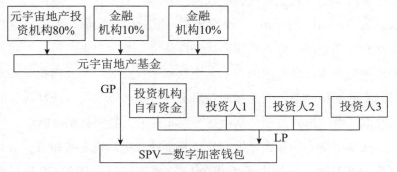

图 6-11　国开城市发展基金模式下的元宇宙地产基金结构

产投资可以同时接纳机构投资者和社会投资人。在一级元宇宙地产基金中引入金融机构不仅可以增强母基金 GP 的虚拟资产管理能力，更丰富了金融管理能力，可以有效防范金融风险。同时，金融机构的参与给社会投资人增强了投资信心，降低了资金募集的难度，一定程度上扩大了基金规模。

4. 迦南资本葡萄牙地产投资基金模式

该基金诞生于特殊的时代背景，当时人民币一直单边升值，中国房地产飞速发展，但是迦南资本考虑到未来可能会出现人民币贬值的情况，于是通过布局海外市场来进行风险对冲，主要集中在受金融危机影响比较大的葡萄牙和西班牙两个市场。由于当年资产价格较低，迦南资本可以低价直接收购国外银行的不良资产，然后对城市核心地段的老建筑进行彻底翻新改造。并且，当时具有较为宽松的自贸区对外股权投资政策，劣后份额可转房屋实体，以及友好的葡萄牙移民政策，因此迦南资本的葡萄牙地产投资基金应运而生。最开始迦南资本聘请对当地市场的法律、税务和政治环境有深入了解的小型开发服务机构做收购和管理，之后收购了该机构，并改名为"迦南欧洲公司"，迦南资本占股 60%。之后，迦南资本也逐渐尝试在香港、海外直接募集外地基金。与国内地产基金不同的是，迦南资本在海外的地产基金全部都是权益类，不会向投资人支付固定的回报收益，而是按照最后实际收益，以利润分成和每年固定收取年费的形式盈利，从而把公司和投资人的利益完全锁定。

在迦南资本的葡萄牙地产投资基金模式中，优先级和劣后级共募集 600 万欧元等值人民币作为 LP，而迦南资本作为 GP 劣后跟投，并于境内设立有限合伙企业。募集资金通过走自贸区政策通过我国香港地区与卢森堡 SPV 双层架构转入葡萄牙，购买 BES 银行旗下基金购买房产。其交易结构如图 6-12 所示。

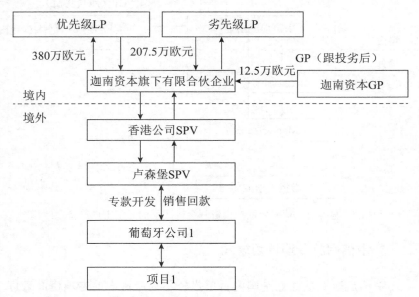

图 6-12　迦南资本葡萄牙地产投资基金交易结构图

如果参照上述交易结构成立元宇宙地产基金，其结构如图 6-13 所示。LP 可以分优先级和劣后级出资认购基金份额，元宇宙地产运营商可以作为 GP 劣后跟投，在境内成立元宇宙地产基金。成立后该基金可以通过 SPV—加密数字钱包在境外 Mateverse 平台上投资虚拟土地或 NFT 项目。上述交易结构为境内投资 Metaverse 数字资产提供了良好借鉴。目前，NFT 项目仍以海外为主，对 NFT 项目投资需要建立加密数字钱包这一特殊目的实体。因此，在元宇宙地产基金成立后，投资行为发生之前，需进行如图 6-13 所示的转换。

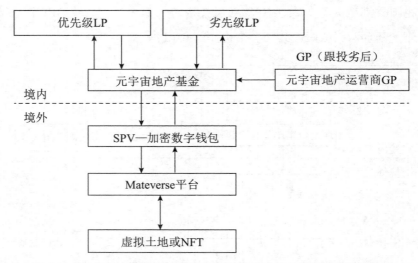

图 6-13　迦南资本葡萄牙地产投资基金模式下的元宇宙地产基金结构

5. 中信启航专项计划模式

中信启航专项计划是国内首单投资不动产资产的专项资产管理计划产品，也是中信证券发起的国内第一只私募 REITs 产品，其通过投资非公募基金收购核心商圈的稀缺物业，为投资人实现稳定期间收益和退出增值收益，该模式交易结构如图 6-14 所示。中信启航专项计划募集规模 52.1 亿元，其中优先级占 70.1%（36.5 亿元），主要为低风险偏好投资者；次级占 29.9%（15.6 亿元），为中高风险偏好投资者。优先级份额存续期间获得基础收益，退出时获得资本增值的 10%；次级份额存续期间获得满足优先级基础收益后的剩余收益，退出时获得资本增值的 90%。

中信证券旗下中信金石基金担任 GP，非公开募集资金设立非公募基金；中信启航专项计划担任 LP，向非公募基金出资，认购非公募基金的全部基金份额。非公募基金设立后，将向中信证券收

购其持有的项目公司全部股权，以实现持有目标资产的目的，其
投资标的为北京中信证券大厦及深圳中信证券大厦。在该模式中，
优先级和次级份额均可以在深交所综合协议交易平台进行转让流
通。该模式在到期时会以 REITs 的方式退出，非公募基金将所持物
业 100% 的权益出售给由中信金石基金发起的交易所上市 REITs 即
可实现退出。除此以外，基金还可以市场价格出售给第三方实现
退出。

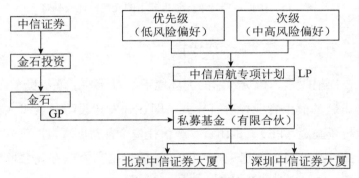

图 6-14 中信启航专项计划交易结构图

如果参照上述交易结构成立元宇宙地产基金，其结构如图 6-15
所示。元宇宙地产投资机构可以划分优先级和次级份额，通过组合
不同风险偏好投资者的资金成立元宇宙地产基金，担任 LP 出资。
同时，该机构也可以组建一个元宇宙地产投资团队，成立元宇宙
地产基金管理公司，担任 GP 进行管理。所募集的基金将全部投入
SPV—加密数字钱包中，用于组合投资元宇宙地产 NFT 项目。此
外，优先级和次级份额也可以在二级市场中进行交易流通。此交易
结构将虚拟土地项目向 REITs 基金靠拢，为基金管理团队及社会投
资人投资虚拟土地或 NFT 项目提供良好的交易模式借鉴。

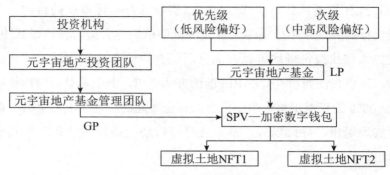

图 6-15　中信启航专项计划模式下的元宇宙地产基金

6. 万通中心基金化运作模式

在银根收紧、信贷紧缩的大环境下，万通为了解决资金问题，打造出新的商用物业投融资模式，即在开发建设阶段就引入私募股权投资基金（PE）、银团贷款或信托资金，帮助项目顺利开发建设。2011 年 9 月，万通地产与华润深国投信托有限公司共同设立万通核心成长股权投资基金，基金规模为 3.726 亿元，如图 6-16 所示。其中，万通地产全资子公司万通时尚和华润深国投信托有限公司全资子公司分别出资 250 万元，各按 50% 的持股比例成立万通深国投（深圳）股权投资基金管理有限公司，并作为 GP 认购 400 万元基金份额；华润信托发行"华润信托·万通城市商业中心基金项目集合资金信托计划"，募集资金 3.5 亿元，万通地产出资 1860 万元，作为 LP 加入基金；万通地产出资 1860 万元，作为 LP 加入基金。

在基金的退出方面，万通基金和万通地产在市场上寻找合适投资人，以收购万通地产全资子公司万通时尚 100% 股权或整栋购买万通中心的方式退出，信托 LP 年化收益率实现超过 20% 以上收

益部分归万通地产 LP。若 32 个月后仍未找到合适投资人，由万通
地产回购万通时尚股权，保证华润信托的投资人实现年化 8% 的收
益率。

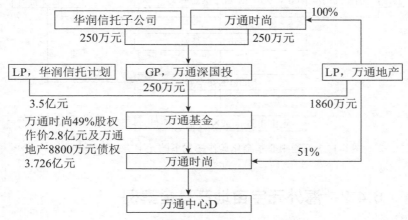

图 6-16　万通核心基金化运作交易结构图

通过设立万通基金，万通以基金平台撬动低成本资金，可以获
得万通时尚股权转让权益和基金管理费；并且万通始终是实质性控
制主体，通过回购万通基金持有的万通时尚股权，实现基金退出。

如果参照上述交易结构成立元宇宙地产基金，其结构如图 6-17
所示。虚拟土地持有者可通过 SPV—数字加密钱包出资，联合金融
机构基金管理团队共同成立元宇宙地产基金管理团队，作为 GP 认
购元宇宙地产基金份额。同时，虚拟土地持有者和其他金融机构
也可以作为 LP 加入基金。元宇宙地产基金通过 Metaverse 平台投
资元宇宙地产或 NFT 资产项目。此交易结构通过 NFT 持有者与
元宇宙地产金融管理团队共同成立基金，引入投资人，进行 NFT
投资。

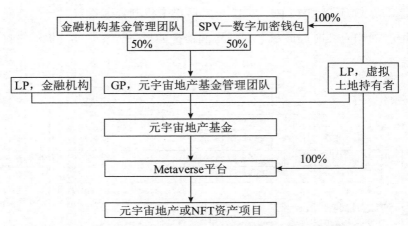

图 6-17　万通中心基金化运作模式下的元宇宙地产基金结构

6.4.2　海外元宇宙地产基金案例

1. Metaverse REIT

Metaverse REIT 是一家 Metaverse Group 旗下的元宇宙地产投资信托基金（图 6-18），在 Decentraland、Somnium Space、Crypto Voxels、The Sandbox、Upland 和其他具有商业可行性的元宇宙地产平台中都投资并经营高质量的多用途资产组合。

该基金由全球数字资产（GDA）集团公司的联合创始人 Michael Gord 与有着丰富技术管理经验的 Jason Cassidy 联合创立。据官网描述，该基金相信"随着越来越多物理世界的组成部分被转换为虚拟世界，元宇宙将成为这种数字转换的重要入口。因此，随着越来越多的投资者、用户和企业将时间和注意力转移到技术的最后前沿，这些数量有限的主要虚拟财产的价值将在未来几年大幅增加。Metaverse REIT 基金打算从一开始就定位于捕捉和扩展这种价值创造。"截至 2022 年 11 月 20 日，其官网公示的投资组合包括了大型创世纪广场、时尚街、重要联通地块在内的 11 处 Decentraland 地产、2 处 Somnium Space 地产以及 The Sandbox 内 3 处 3×3 地产和 38 处独立连接的虚拟土地。

图 6-18　Metaverse REIT 官网宣传图

2. Everyrealm

Everyrealm 是元宇宙生态系统中最活跃的投资者和开发者之一，投资、管理和开发的资产包括 NFTs、虚拟房地产、元宇宙平台、游戏和基础设施。Everyrealm 在 25 个元宇宙平台中持有股份，已经开发了 6 个元宇宙房地产项目，并拥有超过 3000 个 NFT 资产。Everyrealm 旗下有三支元宇宙地产基金[①]。

（1）Everyrealm Metaverse Alpha 基金

Everyrealm Metaverse Alpha 基金投资于数字资产和证券，这些

---

① 参见《元宇宙虚拟地产基金研究白皮书》。

资产包括元宇宙平台、GameFi、元宇宙基础设施和非同质化通证（NFTs）。本基金的投资经理隶属于 Everyrealm 公司，该公司是领先的元宇宙资产投资者和开发商。该基金利用经理人在元宇宙房地产和项目开发以及数字资产交易和对冲策略方面的经验和知识主要投资于主业是开发元宇宙和区块链技术的公司发行的数字资产和股票或其他证券。

条款和法律描述

公司名称：Everyrealm Metaverse Alpha Fund

结构：开曼群岛（美国投资者的特拉华馈线）

证券：普通股

发行量：100 000 000 美元

最低投资额：5 000 000 美元

管理公司：Everyrealm Capital Management, LLC（Delaware）

团队管理费：2% 管理费（按季度计费）、20% 绩效费（每年）

基金存续期：3 年 + 2 年延长期

管理团队：

KEVIN VIRGIL，投资组合经理，科斯莫斯资本管理，瑞银，骑士资本。

ZACH HUNGATE，投资组合经理，Crosstree 资本合伙人，雷蒙德·詹姆斯 Raymond James，康维斯特合伙人。

（2）Everyrealm Collection 基金

Everyrealm Collection 是专注于投资 NFT 的基金，投资收购具有文化意义符号与高成长潜力的 NFT 项目。这些 NFT 包括但不限于数字藏品、艺术、游戏代币等。Everyrealm 内部 NFT 专家和具有丰富行业经验的外部顾问负责管理与运行该基金。

条款和法律描述

公司名称: Everyrealm Museum Collection, Inc.

结构：特拉华州公司 / 离岸公司

证券：普通股

发行量：50 000 000 美元

最低投资额：250 000 美元

管理公司：Everyrealm Capital Management, LLC（Delaware）

团队管理费：2% 监管费、25% 奖励费

基金存续期：计划 3 ～ 5 年

管理团队：

TJ KAWAMUR，投资组合经理，当代艺术与非同质化通证（NFT）收藏家，撰写《星空图集》（Star Atlas）白皮书，贝茨学院文学学士。

MIKE TOMAIN，投资组合分析师，拥有大于 500 个 NFT 资产，贝茨学院文学学士。

（3）Everyrealm Metaverse 基金

Everyrealm Metaverse 基金用于投资区块链的元宇宙中元宇宙地产项目。Everyrealm 在房地产开发和数字资产市场中采用独特的经验和知识组合寻求具有吸引力的投资回报项目。Everyrealm 资产管理策略遵循传统房地产的投资策略寻求收购、管理和开发虚拟房地产。

条款和法律描述

公司名称: Realm Metaverse Real Estate, Inc.

结构：特拉华州公司 / 离岸公司

证券：普通股

最低投资额：250 000 美元

管理公司：Everyrealm Manager LLC（特拉华州）

管理费：2% 基本费用、25% 奖励费

存续期：10 年（1 ~ 2 年内上市）

管理团队：

JESSE STEIN，投资组合经理，专业房地产投资者和股票交易员，康奈尔大学学士。

ANDREW DE ROUEN，投资组合经理，元宇宙和游戏分析师，乔治城大学学士学位。